ポケットの基礎の基礎

水野佳子

ポケットは「つけるのが面倒だし大変そう」という思い込み、ありませんか？　表から見える場合が多いポケットつけは、ためらうことが多いかもしれません。この本では基本的なポケットを、付録の実物大パターンを使ってすべて写真で解説しています。

既製品を見てみたり、いつもより少し気にしてみると、なんとなくつけていたポケットが楽しめる要素になることもあります。作り方を理解しながら、実用性とデザインとをあわせたポケットをつけて、自分だけの物作り・服作りをさらに楽しんでもらえたらと思います。

文化出版局

CONTENTS

■は布の表面

● ポケットの位置と大きさ……4

セット・オン・ポケット

● パッチ・ポケット……8

ポケット底：角……8

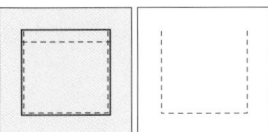

ポケット底：丸……9

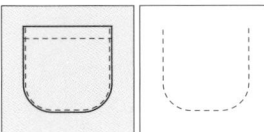

ポケット口の始末……10

角のステッチ……11

● 裏つき
　パッチ・ポケット……12

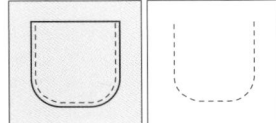

● パッチ・アンド・フラップ・
　ポケット……14

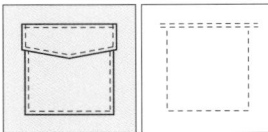

● ボックス・プリーツ・
　ポケット……16

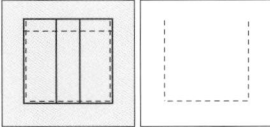

● インバーティド・プリーツ・
　ポケット……18

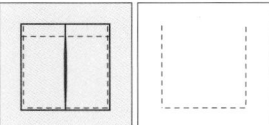

● まちつき
　パッチ・ポケット……19

縫いまちポケット……19

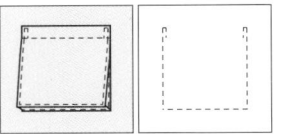

切替えまちポケット……21

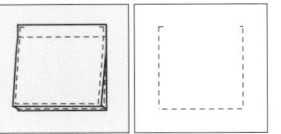

● ファスナーあき
　パッチ・ポケット……22

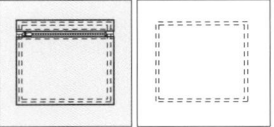

● ステッチの見えない
　パッチ・ポケット……24

裏なし……24

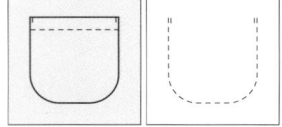

裏つき……26

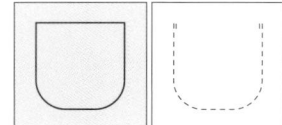

セット・イン・ポケット

●シーム・ポケット……30
続き袋布……30

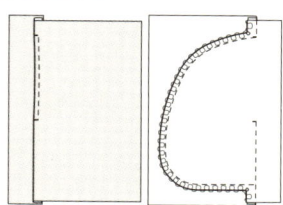

切替え袋布……32

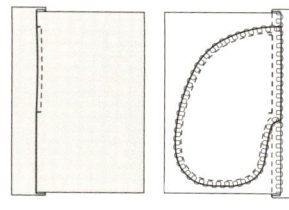

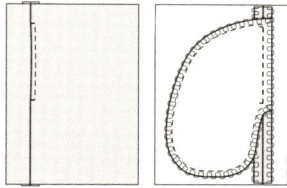

●スラッシュ・ポケット……38

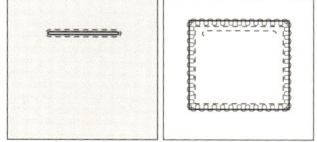

●ファスナーあき スラッシュ・ポケット……41

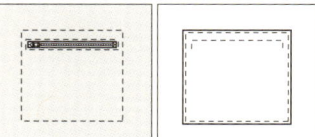

●両玉縁ポケット……43
続き口布……43

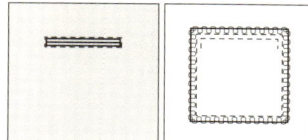

別裁ち口布……46

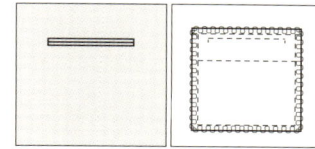

●片玉縁ポケット……49
続き口布……49

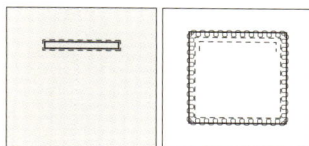

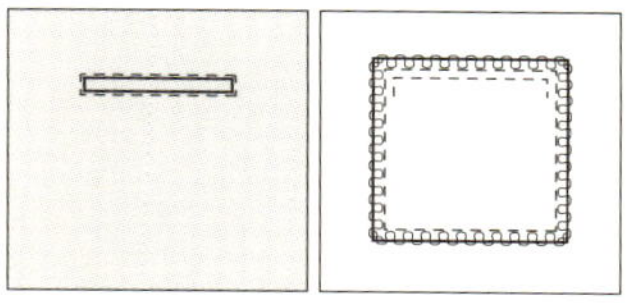

別裁ち口布……51

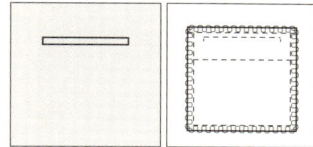

●フラップ・ポケット……55
両玉縁……55

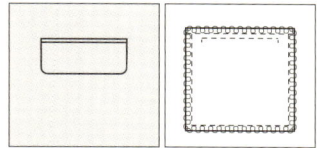

片玉縁……57

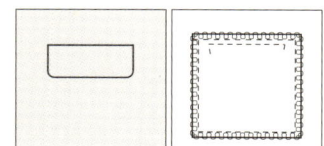

●箱ポケット……60
箱縫い返し……60

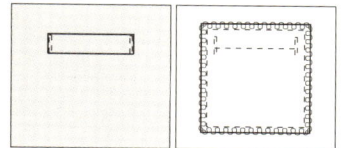

箱のステッチ……63

箱折りたたみ……64

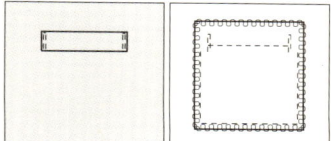

角度のある箱ポケット……68

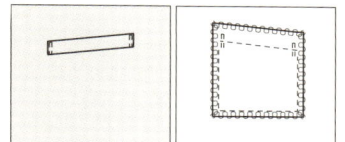

●サイド・ポケット……69
直線に切り替えたポケット……69

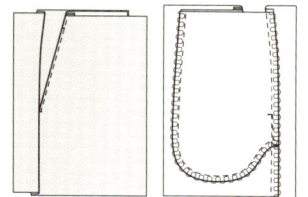

曲線に切り替えたポケット……70

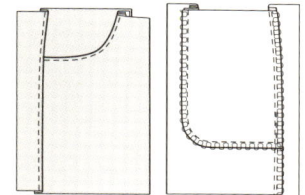

ポケットの位置と大きさ

ポケットの位置

ポケットの位置は「ポケットをつけるアイテム」「ポケットの種類」によって変わってくる。

◎ウエストよりも下につくポケット

着丈により、ウエストから5〜10cmくらい下が目安。上すぎても下すぎても手を入れにくく、物を取り出しにくくなる。服のバランスを考慮しつつ、使いやすい位置に。

ポケットの大きさ

ポケット口の大きさとポケットの深さは「何を入れるのか」「どこにつけるのか」で変わってくる。

◎ウエストよりも下につくポケット

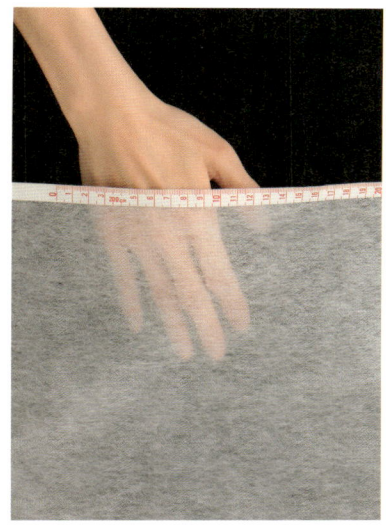
手を斜めに入れることが多いポケット口の大きさは、15cm前後。

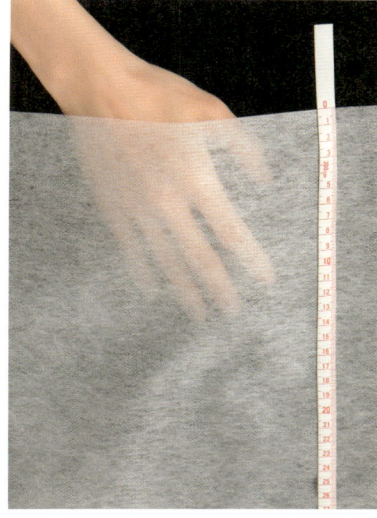
ポケットの深さは、口寸法と同じくらいの15cm前後が適度。

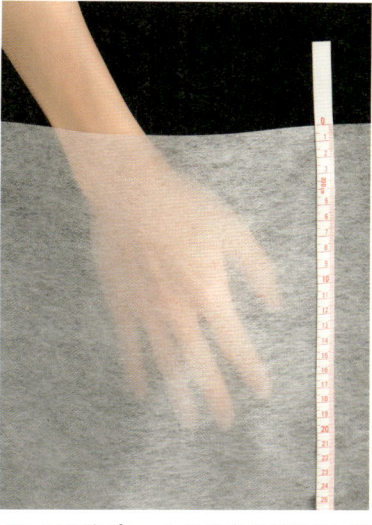
パンツの脇ポケットの袋布などは少し深め。手がすっぽり入るのは20cmくらい。

◎ウエストよりも上につくポケット（胸ポケット）など

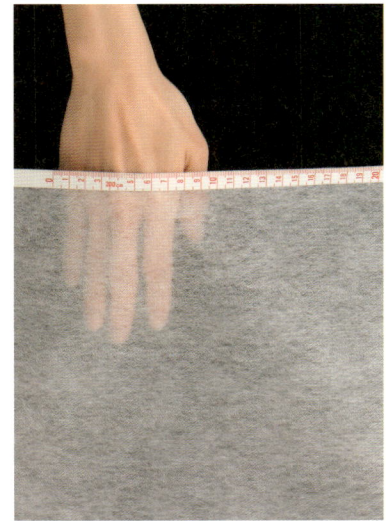
あまり大きな物は入れないポケット口は10〜12cm程度。

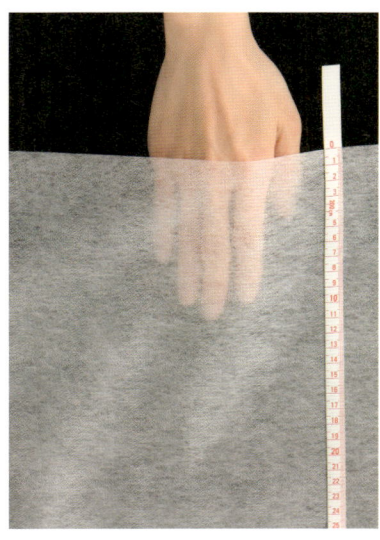
ポケットの深さも同じくらいに。深すぎると入れた物を取り出しにくい。

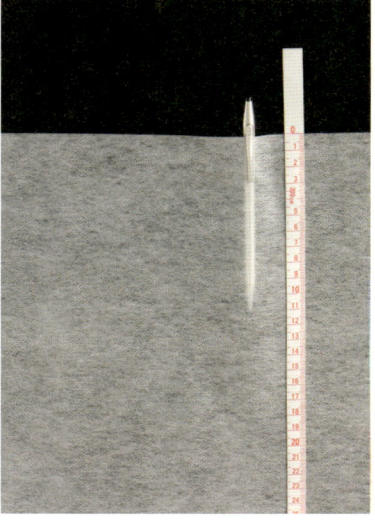
ペンなど手以外の場合はその物の大きさをはかるといい。

アイテムによるポケットのいろいろ

パッチ・ポケット

フラップ・ポケット

箱ポケット

シーム・ポケット

片玉縁ポケット

サイド・ポケット

セット・オン・ポケット

セット・オンとは「表面につけられた」の意味で、切込みを入れず、布を別に作ってのせた"はりつけポケット"の総称。パッチ・ポケットのこと。

パッチ・ポケット
裏つきパッチ・ポケット
パッチ・アンド・フラップ・ポケット
ボックス・プリーツ・ポケット
インバーティド・プリーツ・ポケット
まちつきパッチ・ポケット
ファスナーあきパッチ・ポケット
ステッチの見えないパッチ・ポケット

パッチ・ポケット

最も簡単で丈夫なポケット。目立つので、実用と装飾を兼ねてつけられる。

ポケット底：角

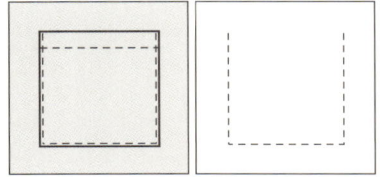

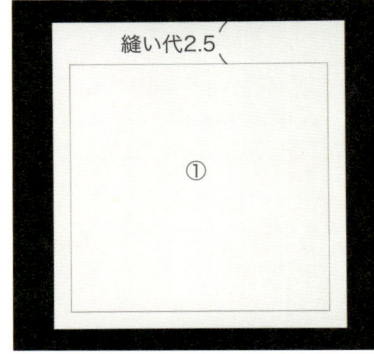

パターン①
指定以外の縫い代は1cm

1 裁断。ポケット口の縫い代端を始末する。

2 ポケット口をでき上りに折り、ステッチをかける。

3 周囲をでき上りにアイロンで折る。

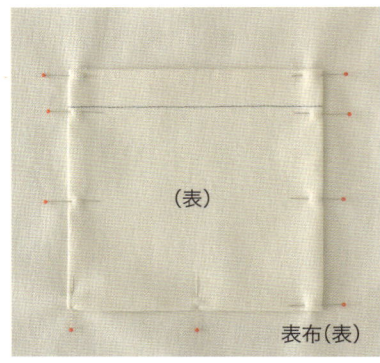

4 ポケット位置にまち針でとめる。

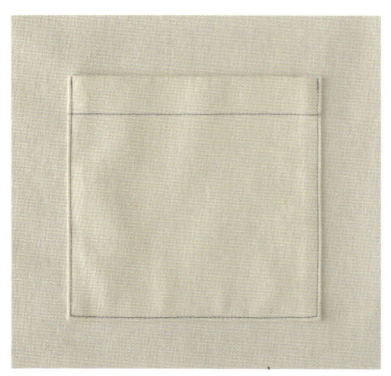

5 端ミシンでポケットを縫いつける。でき上り(表)。

でき上り(裏)。

ポケット底：丸

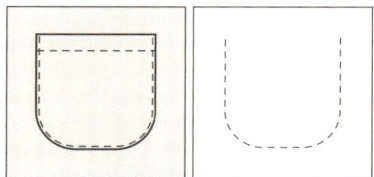

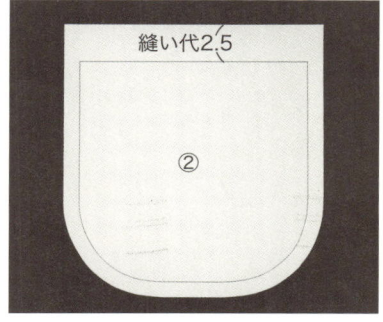

パターン②
指定以外の縫い代は1cm

1 裁断。ポケット口の縫い代端を始末し、でき上がりに二つ折りにしてステッチをかける。

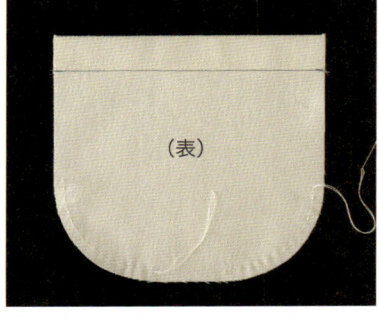

2 ポケット底の丸み縫い代内にぐし縫いをする。

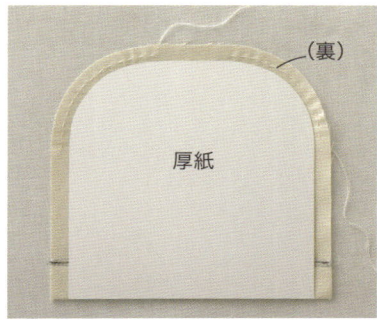

3 でき上がりに切った厚紙（はがき程度）を裏面に当てる。

4 ぐし縫いした糸を引っ張り丸みを形作る。

5 アイロンで落ち着かせる。

6 周囲をでき上がりにアイロンで折る。

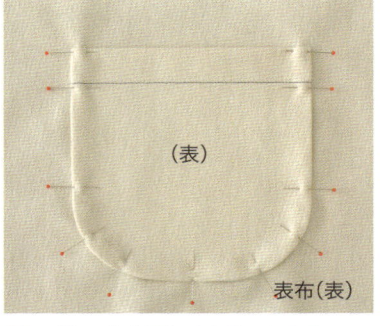

7 ポケット位置にまち針でとめる。

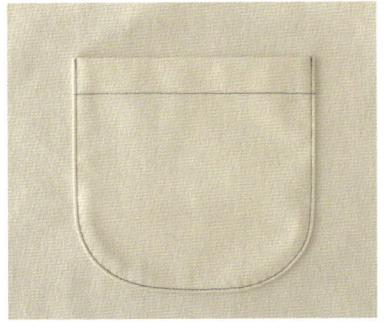

8 端ミシンでポケットを縫いつける。でき上がり（表）。

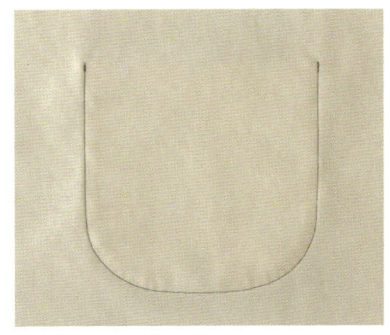

でき上がり（裏）。

パッチ・ポケット

［ポケット口の始末］

p.8、9の二つ折りステッチ以外の始末。
生地の厚みやデザインによって、ステッチ幅に合わせた縫い代をつける。ステッチをかけたくない場合はまつる。

●完全三つ折りステッチ

ポケット口をしっかりさせたいときや、縫い代が透けて見えるような薄地の場合は、補強を兼ねて完全三つ折りをしてステッチをかける。

●三つ折りステッチ

ステッチ幅を広くしたい場合に。

●角を縫い返して二つ折りステッチ

ポケットの角を縫い返しておくと、ポケット口から縫い代が出てこないので、きれいに仕上がる。

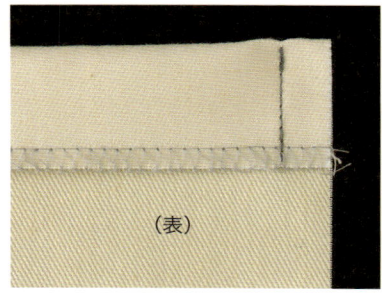

1 ポケット口縫い代を、でき上り線で表側に折り、角を中縫いする。

2 角を表に返し、ポケット口をでき上りにアイロンで折る。

3 ステッチをかける。

端ミシン（コバステッチ）0.1、0.15、0.2cmの違い

0.05、0.1cmの差は意外とあるので、生地やデザインによって小さなディテールを楽しむのもおもしろい。

原寸大

［角のステッチ］

ステッチは補強にもデザインにもなる。糸の色を配色にしても楽しい。

●シングルステッチ（端ミシン）

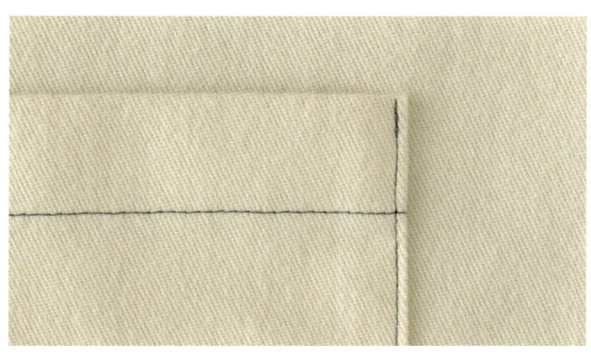

いちばんシンプルなステッチ。生地の厚さやデザインでステッチ幅は変わる。縫い代が落ち着く端ミシンにする。

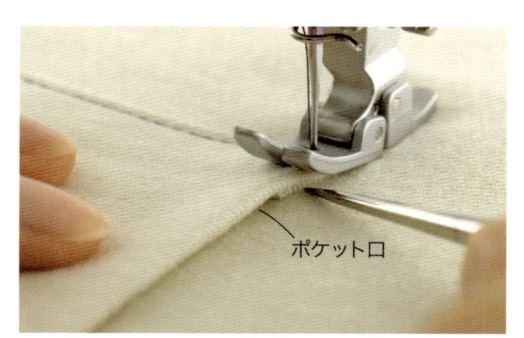

ポケット口から角の縫い代が出てこないよう気をつけると仕上りがきれい。

●三角ステッチ

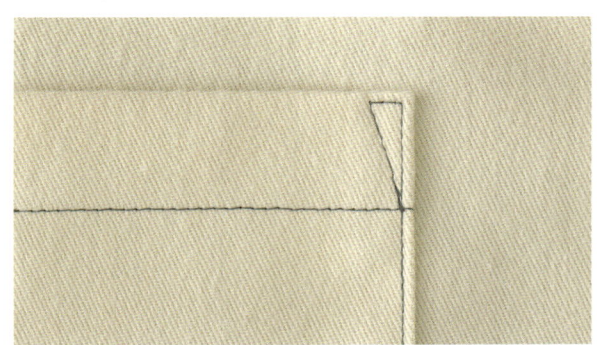

シャツの胸ポケットによく見られるステッチ。薄地向き。シングルステッチよりもポケット口が補強される。

●角ステッチ

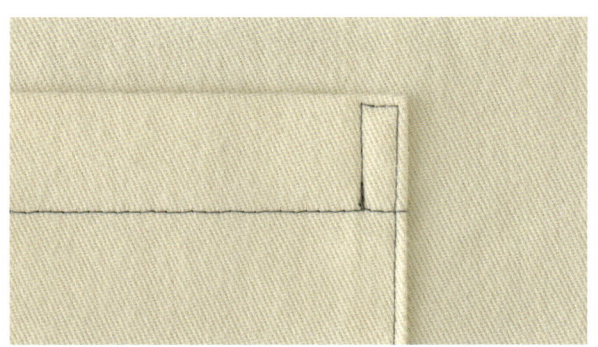

ポケット口をしっかり補強したいときに。2、3度重ね縫いしてもいい。

●ダブルステッチ

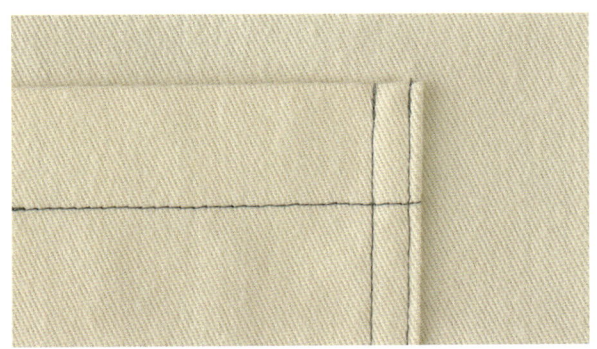

ポケット全体を補強できるステッチ。パンツやアウターなど、よく使うポケットに適する。

●ダブルステッチ＋かしめなど

ステッチだけでは弱いときに。カジュアルパンツや厚地のポケット口にデザインも兼ねて。

裏つきパッチ・ポケット

ウールや薄地など1枚では心配な場合は裏つきにする。

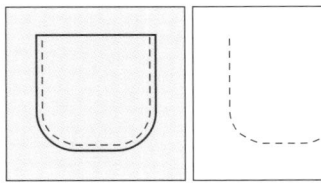

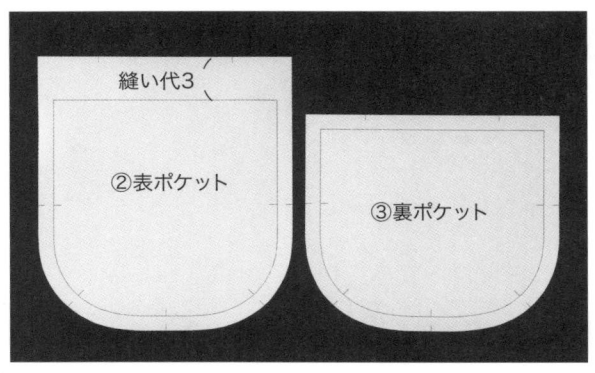

パターン②+③
指定以外の縫い代は1cm

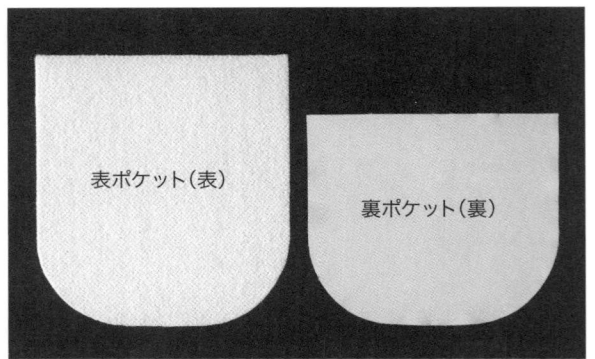

1 裁断。裏ポケットには、裏地やスレキを使用する。

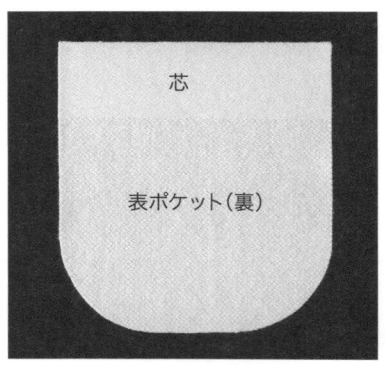

2 表ポケット口の裏面に補強の芯をはる。表布のポケット口裏面にも力芯をはる(p.13でき上り裏参照)。

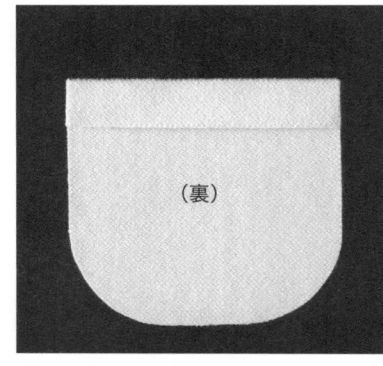

3 でき上りに折る。

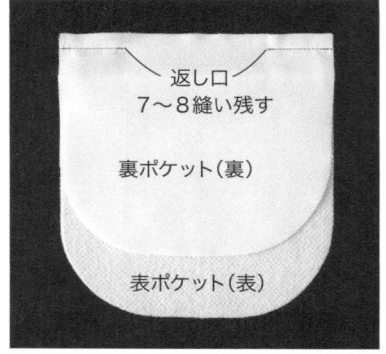

4 表ポケットと裏ポケットを中表に合わせ、返し口を残して縫う。

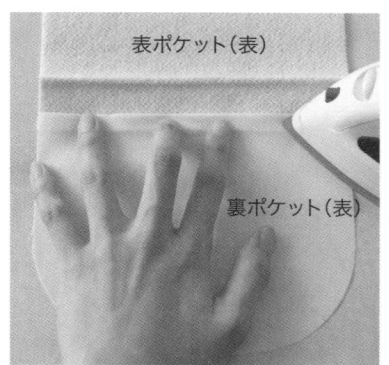

5 縫い代を裏ポケット側へ片返しにする。

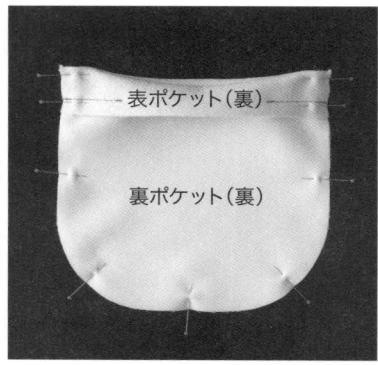

6 ポケット口で中表に折り、周囲をまち針でとめる。

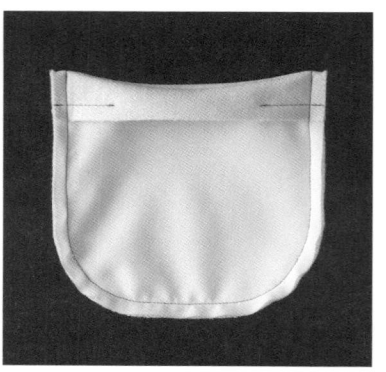

7 縫う。でき上りよりも0.1〜0.2cm縫い代側を縫う。

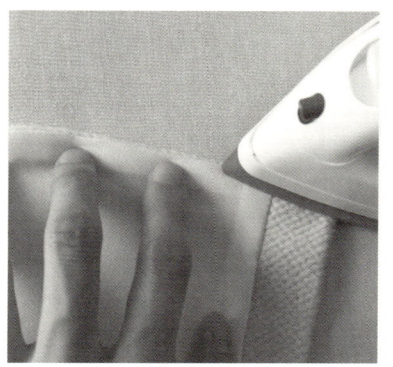

8 返し口から表に返し、裏ポケットを少し控えてアイロンで整える。

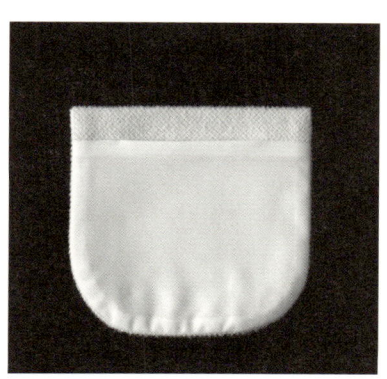

9 縫い合わせた状態。

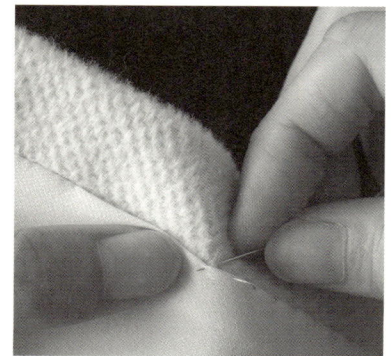

10 返し口をまつる。

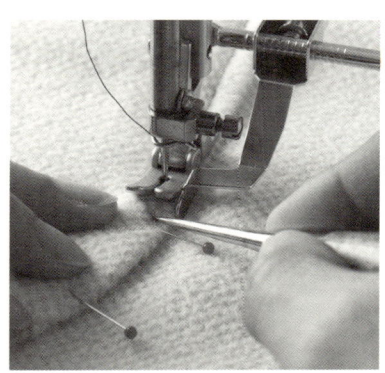

11 ポケット位置にまち針でとめ、縫いつける。

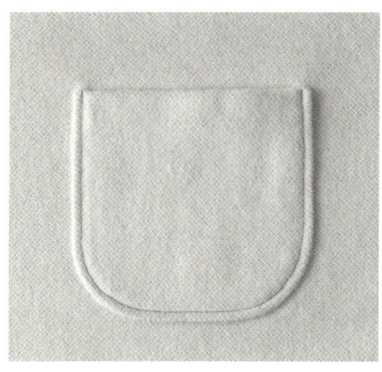

でき上り(表)。

でき上り(裏)。

目打ちの代用として

薄地の場合や、目打ちを使うのが不安なときはつまようじを代用しても。

裏つきパッチ・ポケット

パッチ・アンド・フラップ・ポケット

フラップとはポケット口をおおうふたのこと。雨ぶたともいう。
口が隠れるように、フラップ幅はポケット口寸法よりも少し広くする。

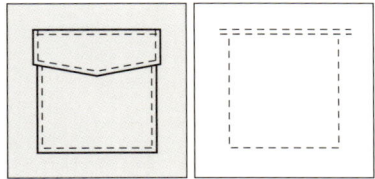

●パッチ・ポケットの縫い方はp.8～11参照

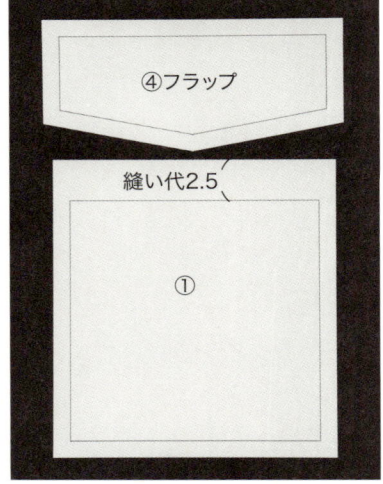

パターン①+④
指定以外の縫い代は1cm

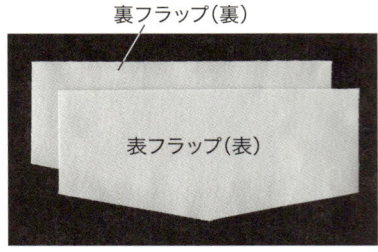

1 表、裏フラップを裁断する。生地が薄い場合は、表フラップ裏面に接着芯をはる。

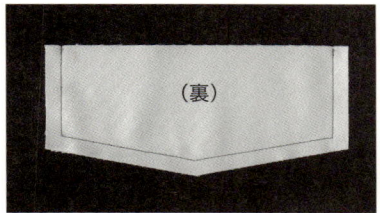

2 中表に合わせ、周囲を縫う。

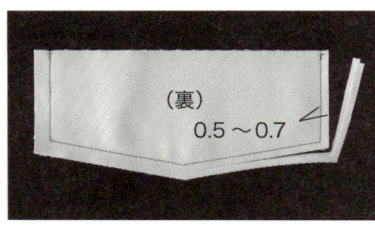

3 縫い代を0.5～0.7cmにカットする。

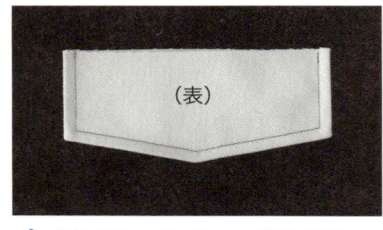

4 表に返し、アイロンで整えステッチをかける。

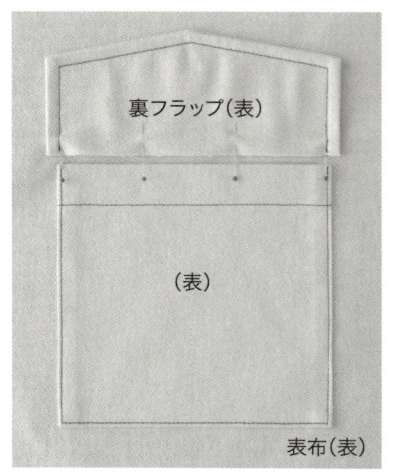

5 フラップ位置に中表に合わせ、まち針でとめる。

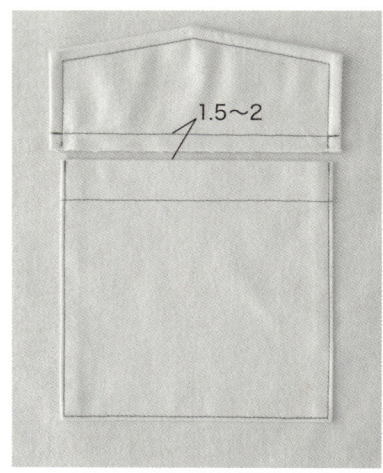

6 縫う。フラップ位置はポケット口から1.5～2cm離れた位置に。近すぎると手を入れにくくなる。

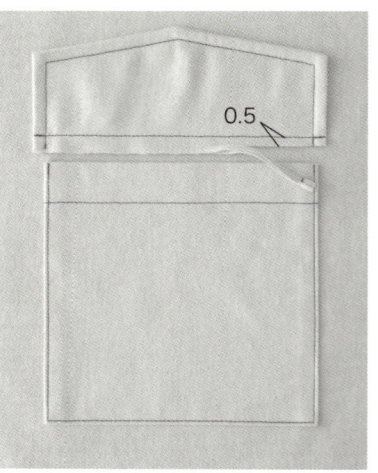

7 縫い代をステッチ幅(0.7cm)に収まるようにカットする。

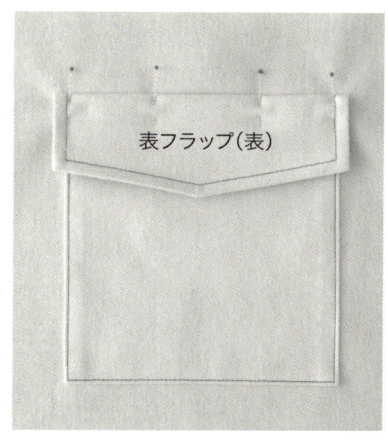

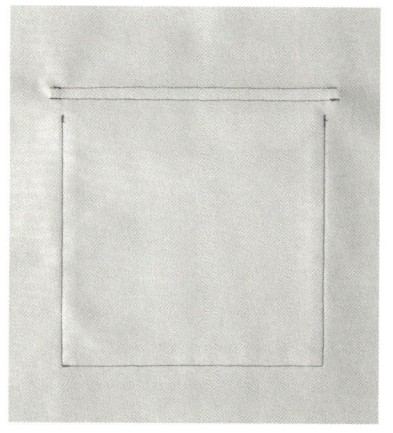

8 フラップをでき上りの状態にしてまち針でとめる。

9 ステッチをかける。でき上り（表）。

でき上り（裏）。

端から縫い代が出てこないように注意してステッチをかける。

フラップつけの縫い代は、ステッチ内に収まって見えない。

●縫い代をカットしない場合

薄地や、ステッチ幅を狭くしたいときなど。縫い代をカットしないで縫いつける場合は端の始末をしておく。

4の後、縫い代端を始末する。

でき上りの見え方は上と同じ。

始末をしておけば、ほつれて汚なく見える心配はない。

ボックス・プリーツ・ポケット

折り目が裏面で突合せになった
箱のようなプリーツ（ボックス・プリーツ）が入ったポケット。

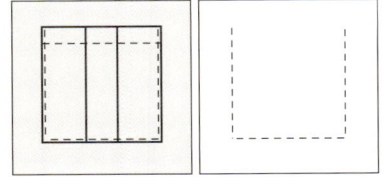

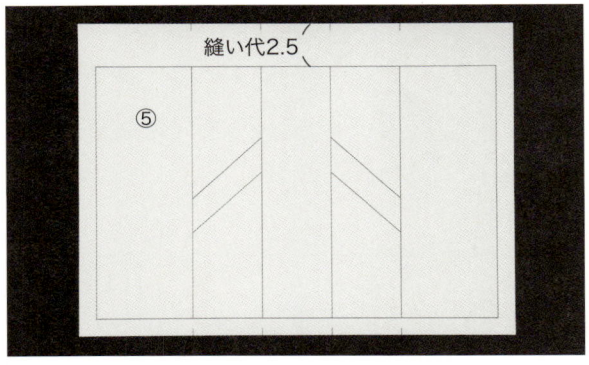

パターン⑤
指定以外の縫い代は1cm

1 裁断。

2 ポケット口のプリーツをステッチがかかる位置くらいまでと、底部分の縫い代を縫う。

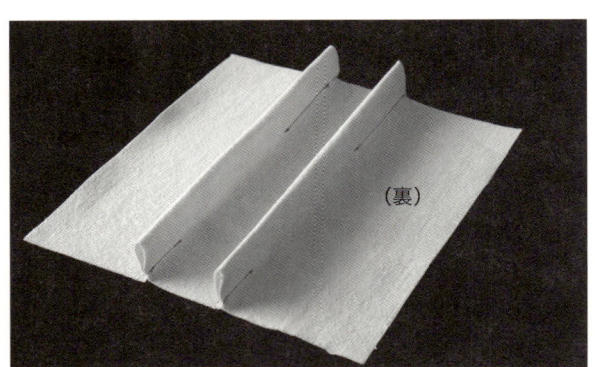

3 もう片方も同様に縫う。

4 プリーツの折り目を中心側に倒し、周囲の縫い代を始末する。

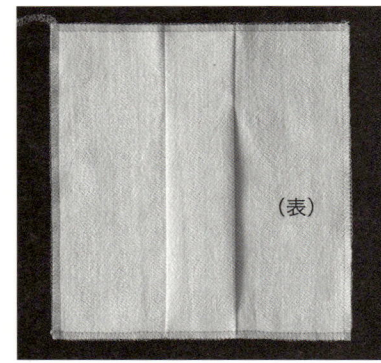

表から見たところ。

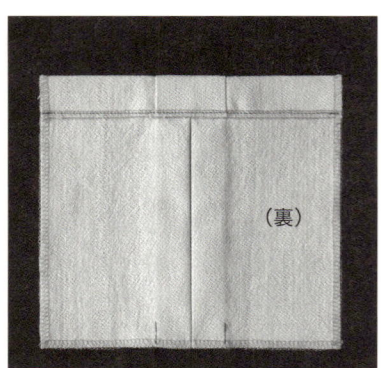

5 ポケット口をでき上りに折り、ステッチをかける。

6 周囲の縫い代をでき上りに折る。

7 ポケット位置に縫いつける。
でき上り(表)。

でき上り(裏)。

柄のある布地は

●柄を合わせるとすっきりした印象に

ポケットを柄合せしてある。

ポケットの柄がずれている。

●ストライプやチェックなどの柄はデザイン要素もある

ポケットの地の目をバイアスにしてある。

インバーティド・プリーツ・ポケット

折り目が表面で突合せになった
ボックス・プリーツを逆さにしたようなプリーツ
（インバーティド・プリーツ）が入ったポケット。

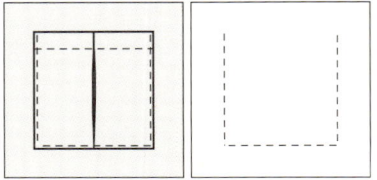

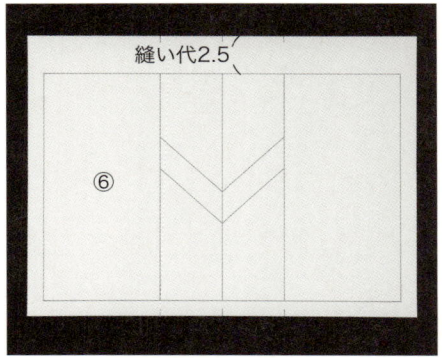

パターン⑥
指定以外の縫い代は1cm

1 裁断。

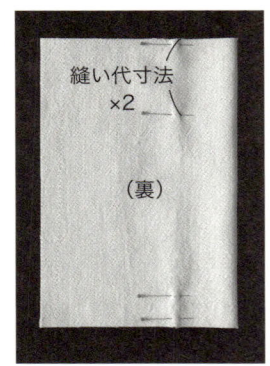

2 ポケット口のプリーツをステッチがかかる位置くらいまでと、底部分の縫い代を縫う。

3 縫ったところ。

4 プリーツを割り、周囲の縫い代を始末する。

表から見たところ。

5 ポケット口をでき上がりに折り、ステッチをかける。底と両脇の縫い代をでき上がりに折る。

6 ポケット位置に縫いつける。でき上がり（表）。

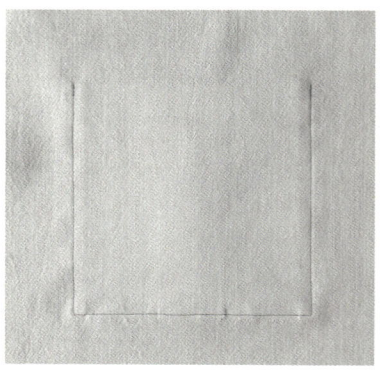

でき上がり（裏）。

まちつきパッチ・ポケット

立体的になるように布幅を足したポケット。
ポケットの容積が増えるので、アウターに向く。

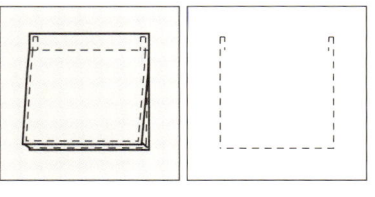

縫いまちポケット

布地を部分的に縫い、立体的にしたポケット。

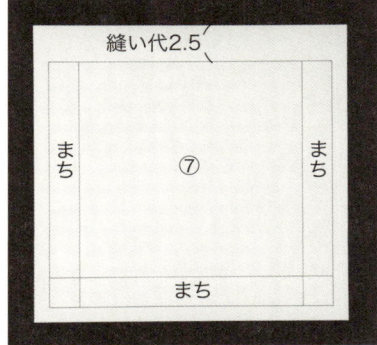

パターン⑦
指定以外の縫い代は1cm

1 裁断。ポケット口の縫い代端を始末する。

2 ポケット口をでき上がりに折ってステッチをかけ、底と両脇をでき上がりに折る。

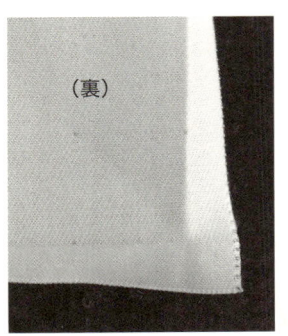

3 底の印を中表に折って、まち針でとめる。

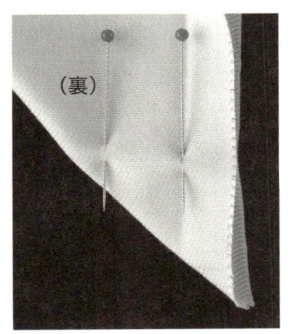

4 まちを縫う。

5 縫い代を1cmにカットする。

6 縫い代を割る。

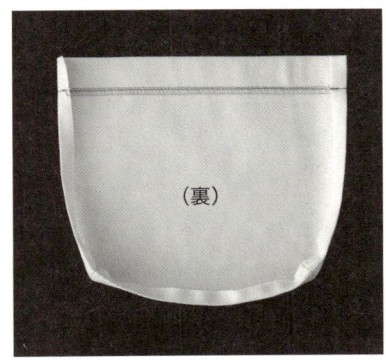

7 両底のまちを縫ったところ。

8 エッジをきかせるために、端ミシンをかける。

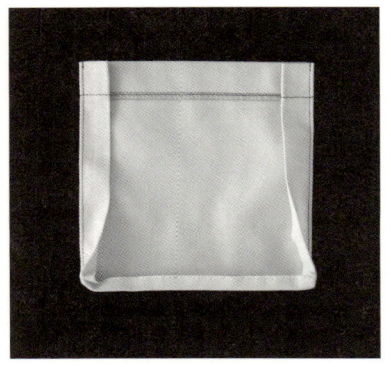

9 端ミシンをかけたところ。

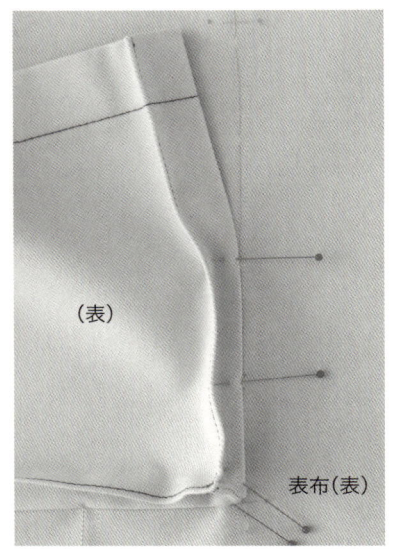

10 ポケット位置に合わせ、まち針でとめる。

(表)
表布(表)

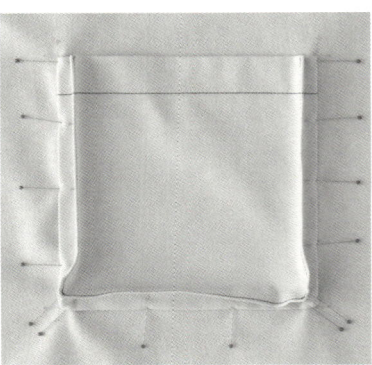

11 全体をまち針でとめたところ。

12 縫いつける。

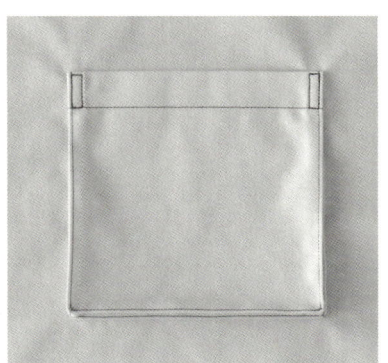

13 ポケット口の角を折りたたみ、ステッチで押さえる。でき上り(表)。

まちの部分を底から斜めに見たところ。

エッジの端ミシンをかけないとふんわりソフトな雰囲気に

20　まちつきパッチ・ポケット

切替えまちポケット

布を切り替えて立体的にしたポケット。

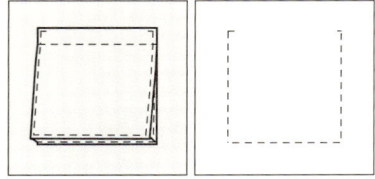

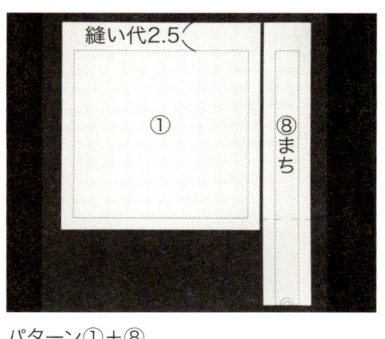

パターン①+⑧
指定以外の縫い代は1cm

1 裁断。ポケット口の縫い代端を始末する。

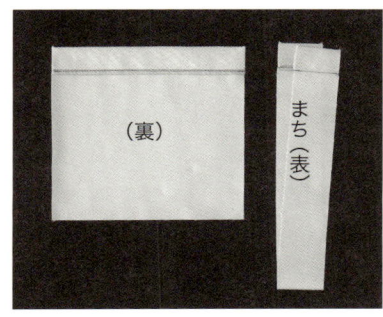

2 ポケット口をでき上りに折ってステッチをかけ、まちの一方をでき上りに折る。

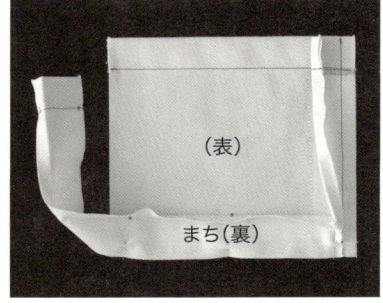

3 まちの角にくる部分に切込みを入れ、中表に縫い合わせる。

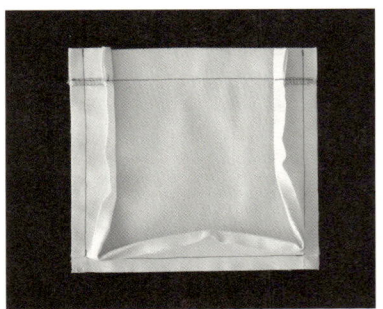

4 まちを縫い合わせた状態。

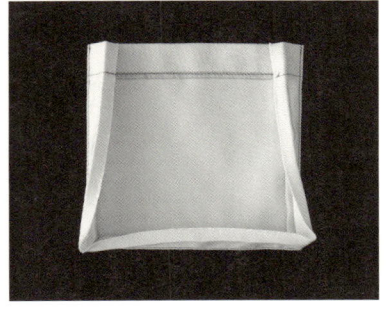

5 まちを表に返し、エッジの端ミシンをかける。

角の拡大写真。

表から見たところ。

6 ポケット位置に縫いつけ、ポケット口の両端をたたんでステッチで押さえる。でき上り（表）。

まちの部分を底から斜めに見たところ。

ファスナーあきパッチ・ポケット

ファスナーをはさみ込んで、口を閉じられるようにしたポケット。

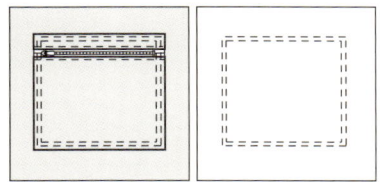

パターン⑨＋⑩
縫い代は1cm

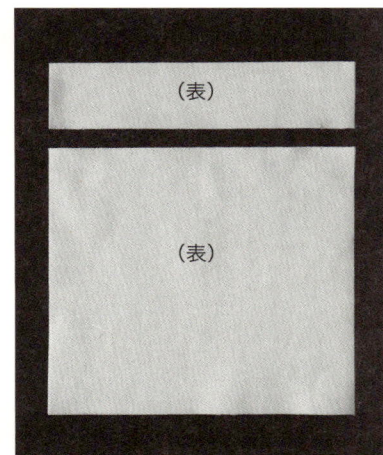

1 裁断。

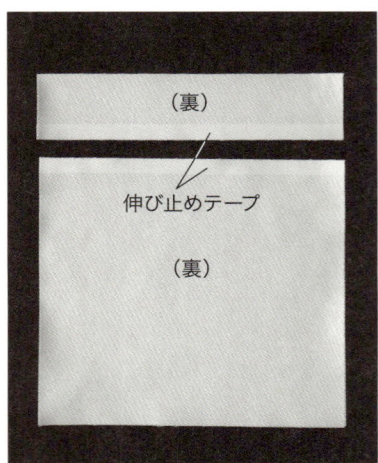

2 ファスナーをつける部分の縫い代に伸び止めテープをはる。

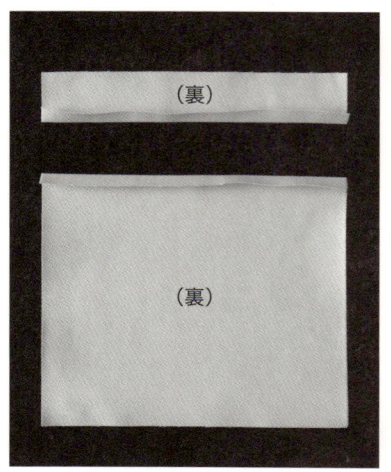

3 でき上りに折る。

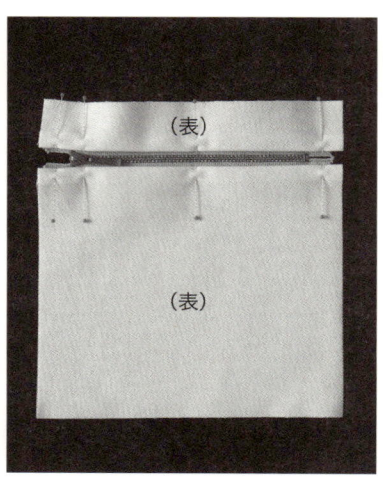

4 ファスナーをまち針でとめる。

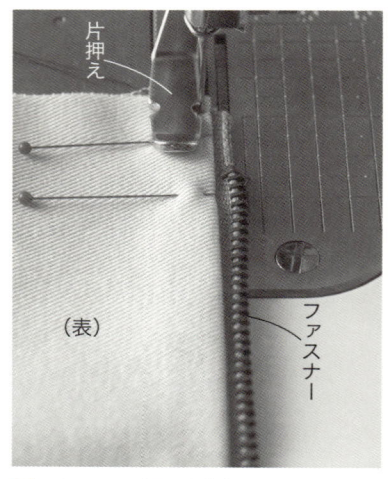

5 ミシンの押えを片押えにしてファスナーを縫いつける。

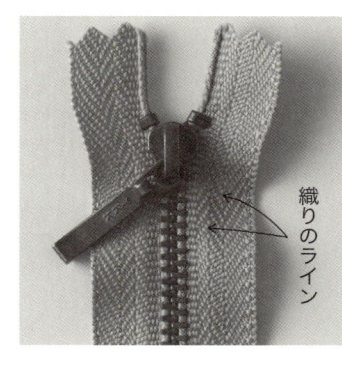

ファスナーつけはファスナーテープの織りのラインをガイドにすると縫いやすい。

織りのライン

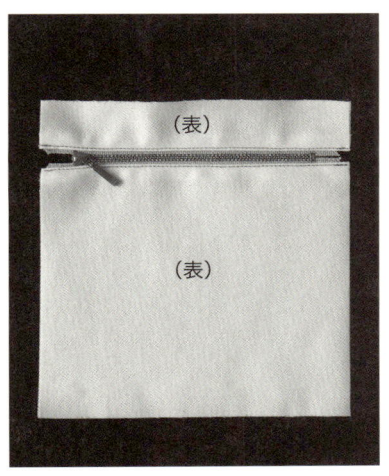

6 上下にファスナーがついた状態。

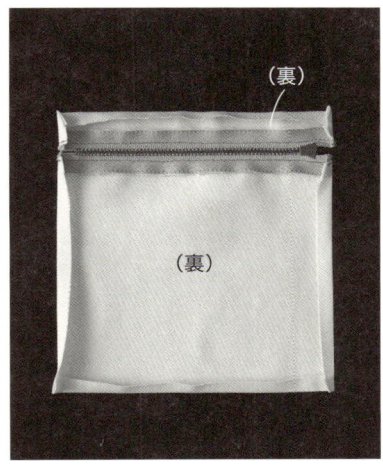

7 周囲をでき上りに折る。

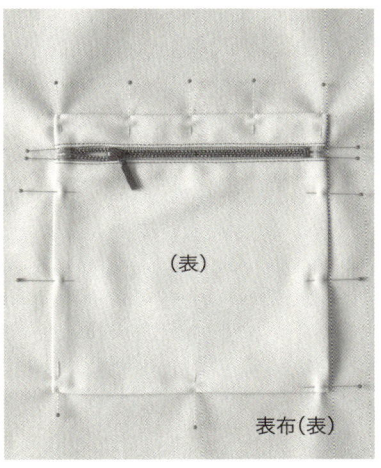

8 ポケット位置に合わせ、まち針でとめる。

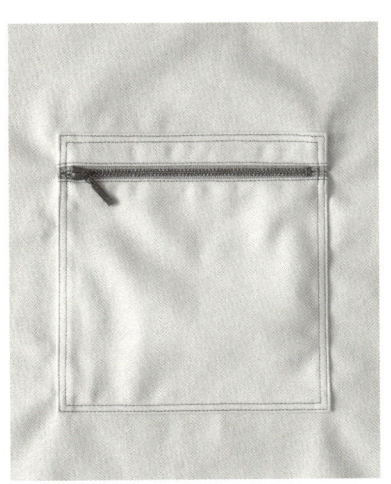

9 縫いつける。ファスナー両端の補強も兼ねてダブルステッチをかける。でき上り(表)。

でき上り(裏)。

ファスナーあきパッチ・ポケット

ステッチの見えないパッチ・ポケット

ステッチを見せたくないときは、ポケットに隠れる縫い代を縫う。
ポケット口のステッチもなくしたいときは、まつる。
底が角、丸みがきつい、小さなポケットには向かない。

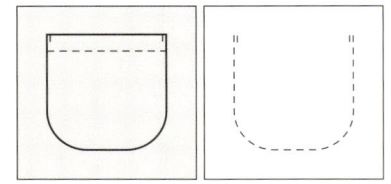

裏なし

1枚仕立てでステッチを見せないように縫いつける。

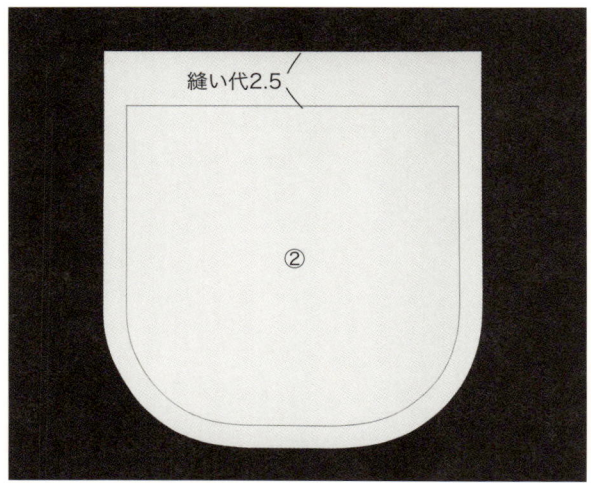

パターン②
指定以外の縫い代は1cm

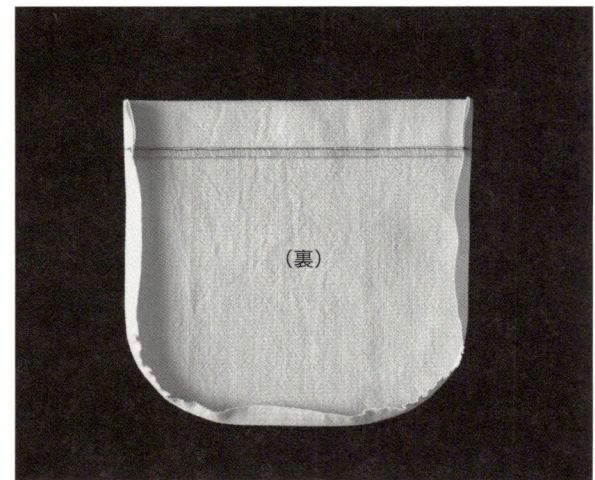

1 p.9の**1〜6**を参照してポケットを作る。

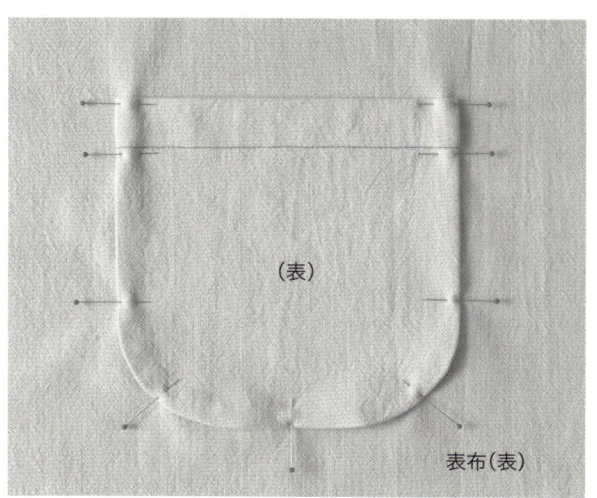

2 ポケット位置に合わせて、まち針でとめる。

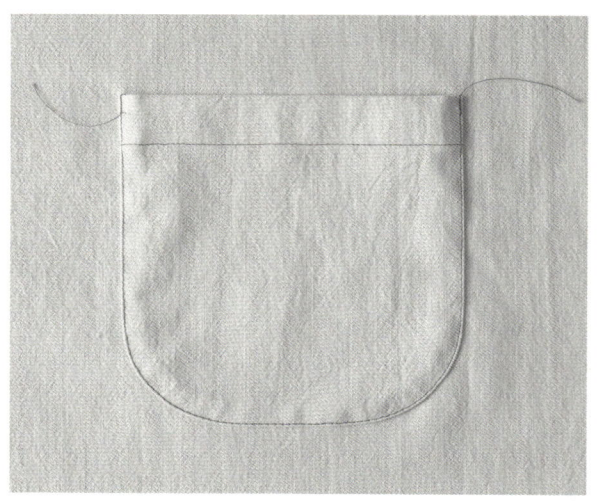

3 なるべく際（0.1cmくらい）を、少し粗めのミシンで縫いつける（この時、上糸を少しゆるめにしておく）。

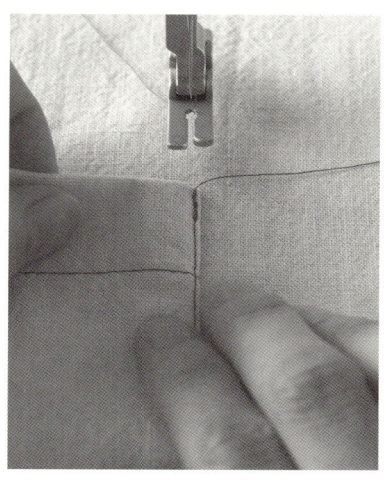

4 ポケットの内側からミシンで縫いつけていく。

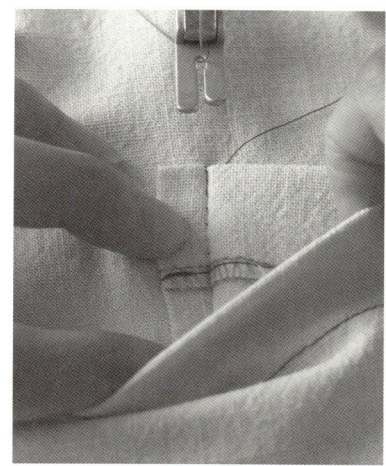

ポケットの内側を開くと**3**で縫った糸が点々と見える。

3の糸の脇、縫い代側を縫っていく。

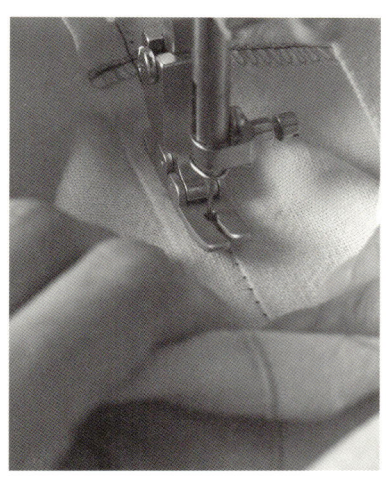

少しずつ進められる距離を縫う。

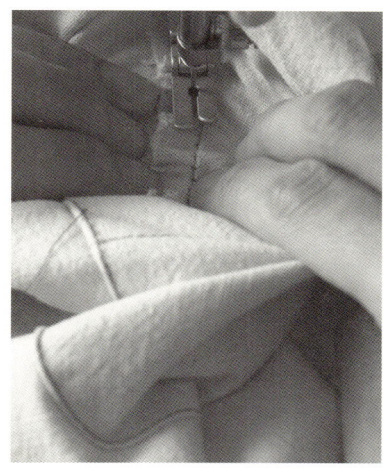

特に丸みの部分は、ゆっくり少しずつ。

反対側のポケット口までぐるりと縫う。

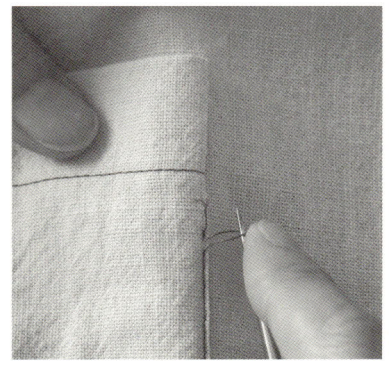

5 **3**で縫った糸をほどく。

6 スチームアイロンで軽く整え、ポケット口の両端に補強のミシンをかける。でき上り(表)。

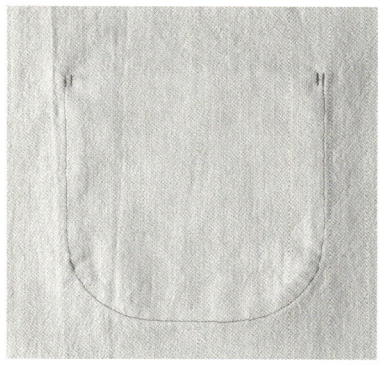

でき上り(裏)。

ステッチの見えないパッチ・ポケット

裏つき

ステッチを見せないように縫いつけた裏つきパッチ・ポケット。
フォーマルな雰囲気に仕上がる。

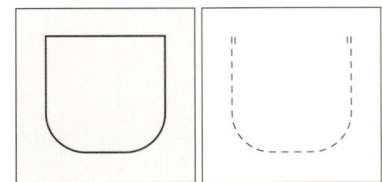

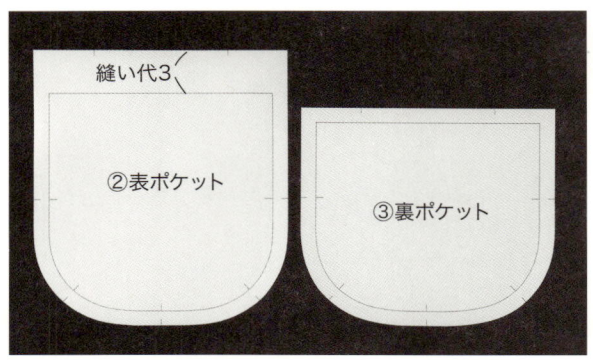

パターン②+③
指定以外の縫い代は1cm

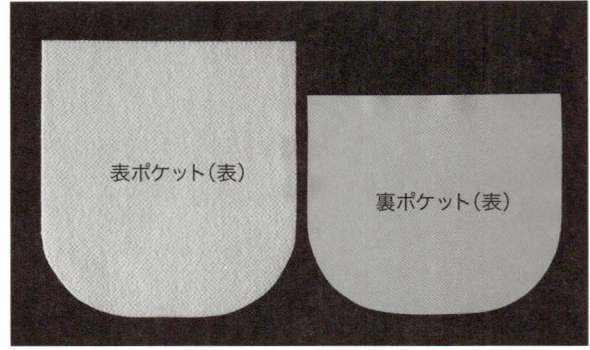

1 裁断。

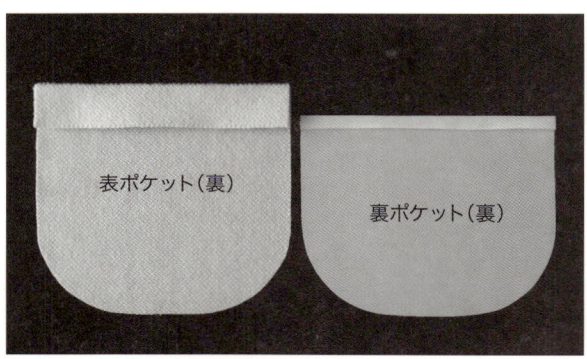

2 表ポケット口裏面に芯をはり(p.12の**2**参照)、でき上りに折る。裏は縫い代(1cm)を折る。

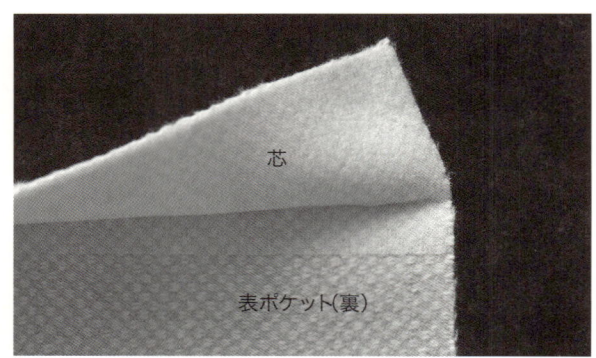

拡大写真。

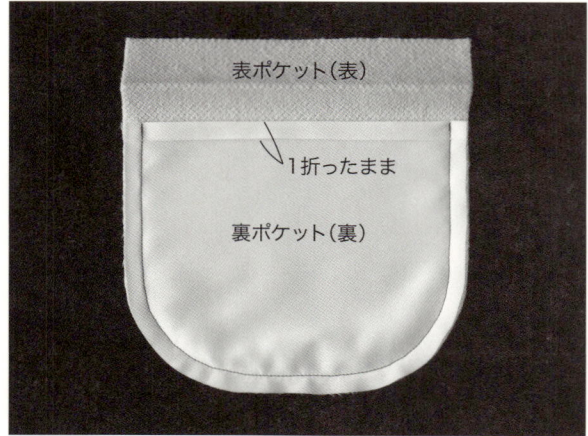

3 表ポケットと裏ポケットを中表に合わせ、周囲を縫う。でき上りよりも0.1〜0.2cm縫い代側を縫う。

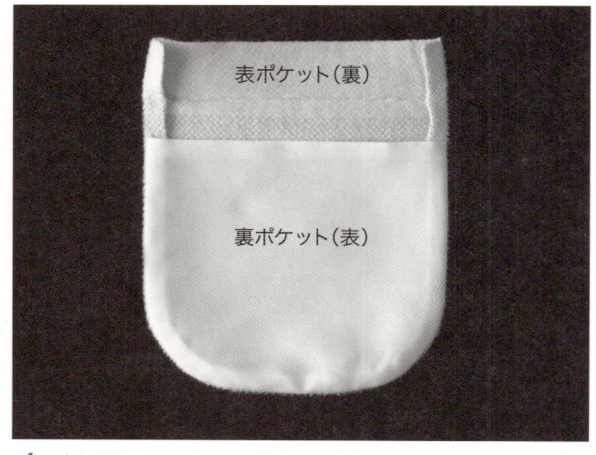

4 表に返し、アイロンで整える。表から見えないように裏ポケットを少し控える。

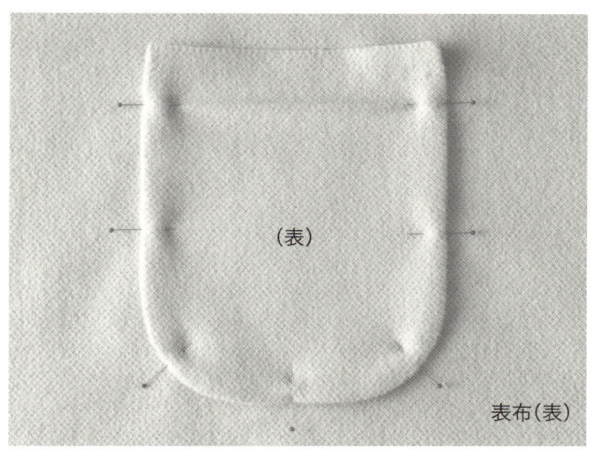

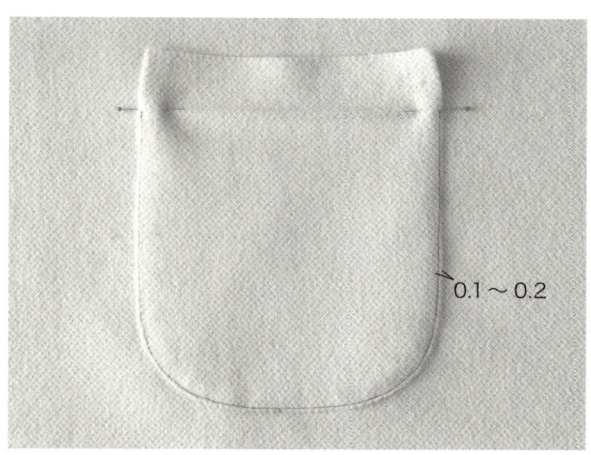

5 表布のポケット口裏面に力芯をはり(p.28でき上り裏参照)、ポケット口の縫い代を開いたまま、ポケット位置にまち針でとめる。

6 ポケット口からポケット口までの際に粗めのミシンをかける。この時、上糸をゆるめにしておく。

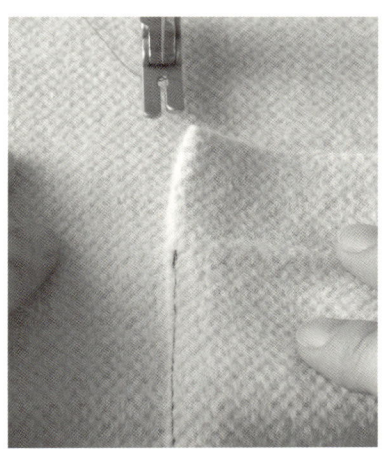

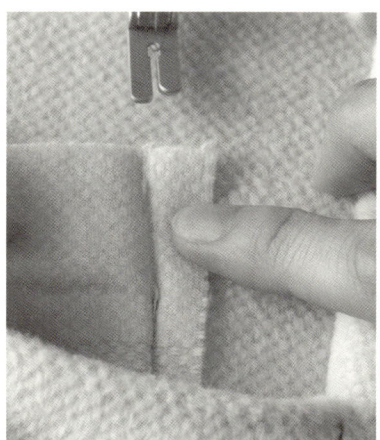

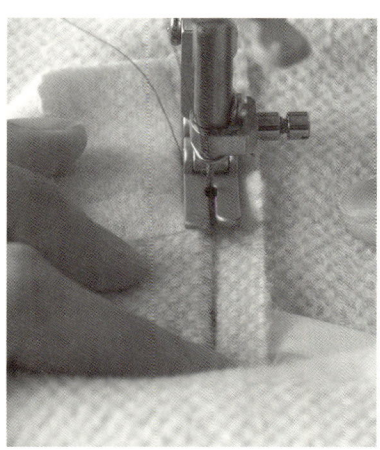

7 ポケットの内側から、ミシンで縫いつけていく。

ポケットの内側を開くと**6**で縫った糸が点々と見える。

6の糸の脇、縫い代側を縫っていく。

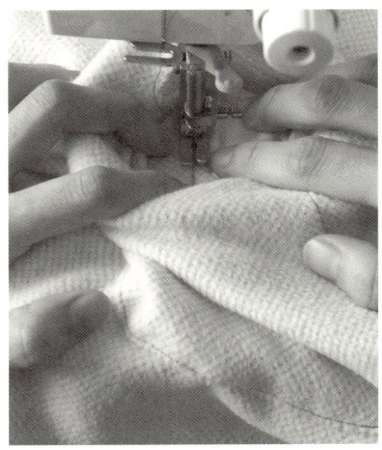

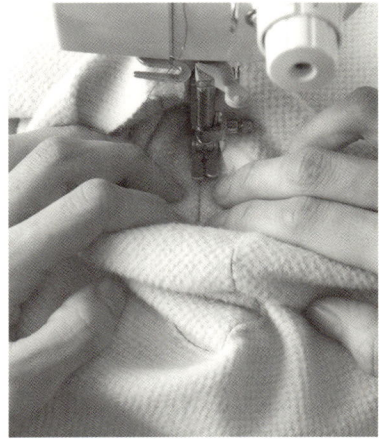

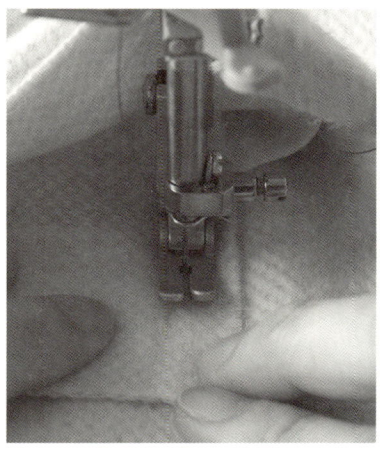

少しずつ進められる距離を縫う。

特に丸みの部分は、ゆっくり少しずつ。

反対側のポケット口までぐるりと縫う。

ステッチの見えないパッチ・ポケット

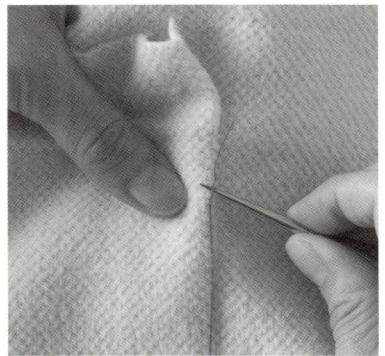
8 6で縫った糸をほどく。

9 ポケット口縫い代を折り込む。

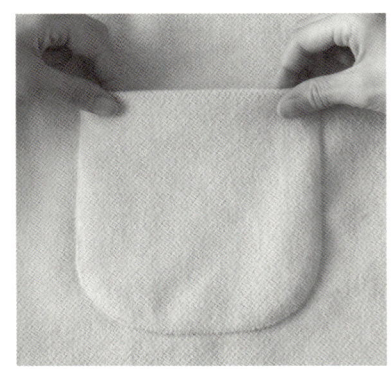

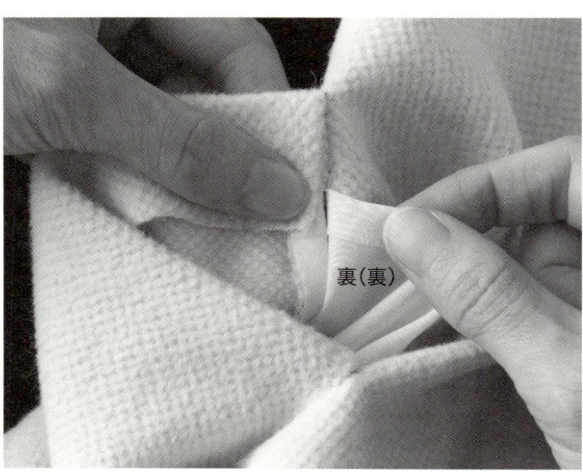
裏(裏)

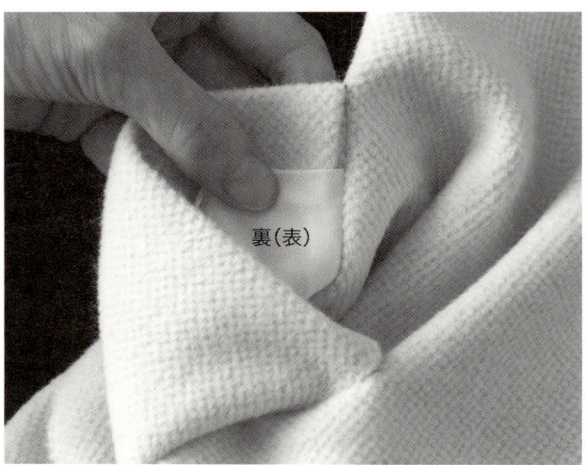
裏(表)

10 ポケット口縫い代は裏布で隠れるように折り込む。

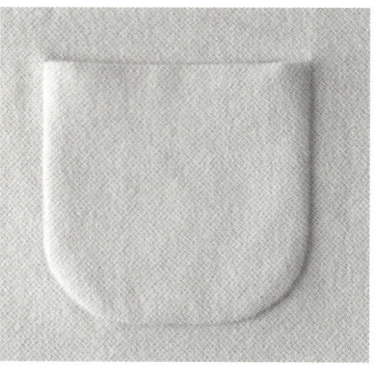
裏(表)

11 裏ポケットをまつる。

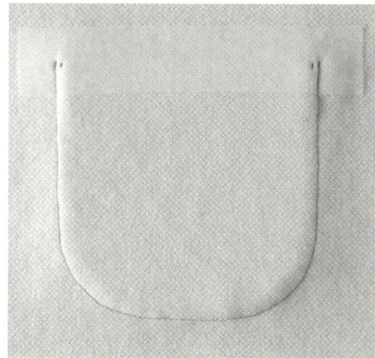
12 スチームアイロンで軽く整え、ポケット口両端に裏面から補強の星どめを入れる(p.63参照)。でき上り(表)。

でき上り(裏)。

28　ステッチの見えないパッチ・ポケット

セット・イン・ポケット

セット・インは「はめ込み」「縫込み」の意味で、
切込みを入れて裏面に袋をつけた"切りポケット"の総称。

- シーム・ポケット
- スラッシュ・ポケット
- ファスナーあきスラッシュ・ポケット
- 両玉縁ポケット
- 片玉縁ポケット
- フラップ・ポケット
- 箱ポケット
- サイド・ポケット

シーム・ポケット

脇の縫い目など、縫い線を利用した表面に見えないポケット。

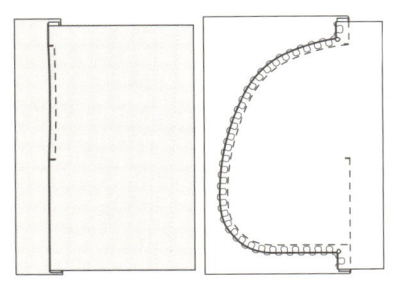

続き袋布

袋布を表布に続けて裁つ分、用尺が必要になるので生地に余裕がないときは袋布を切り替える(p.32参照)。

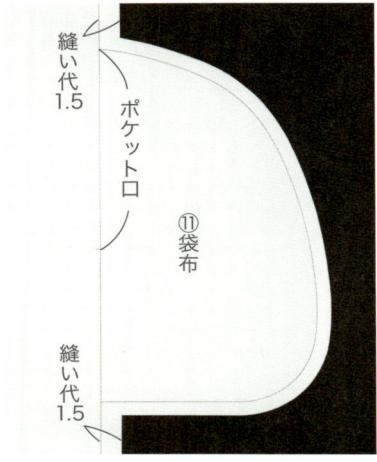

パターン⑪
指定以外の縫い代は1cm

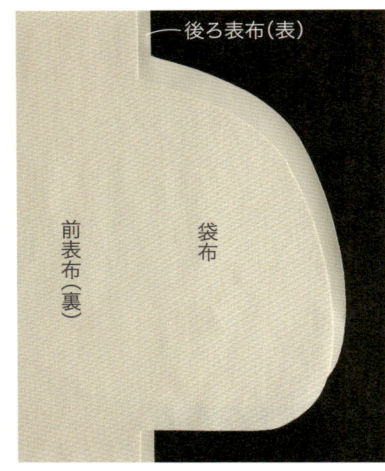

1 裁断。

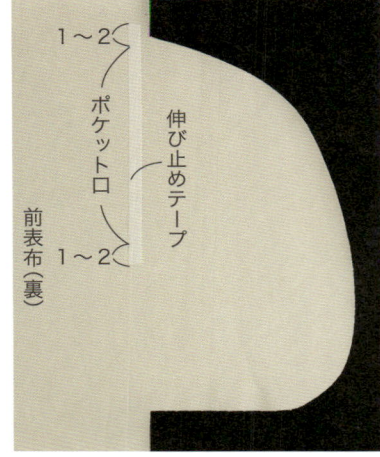

2 前側のポケット口裏面に伸び止めテープをはる。

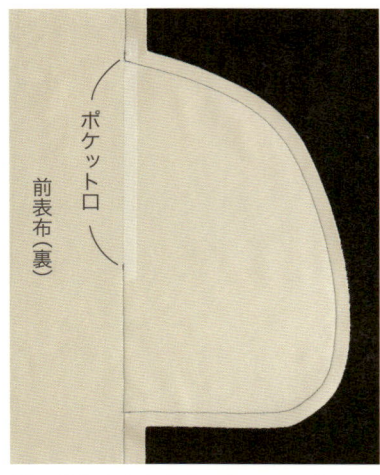

3 前後表布を中表に合わせてポケット口を残して、ポケット袋布周囲まで続けて縫う。

●縫い代をロックミシンで始末する場合

4 縫い代を始末する。ロックミシンで始末する場合、角の部分はミシンをかけやすいように少し切込みを入れる(ジグザグミシンの場合は切り込まなくてもいい)。

切り込むと角が少し開く。

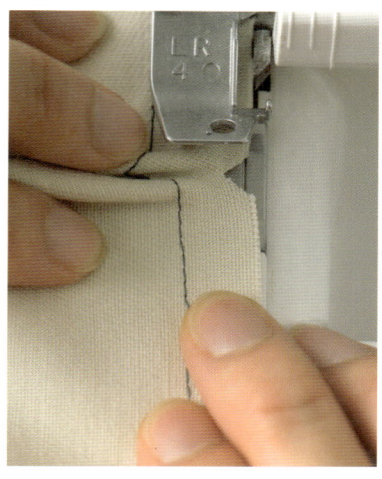
切込みを開いて直線にするとロックミシンを続けてかけられる。

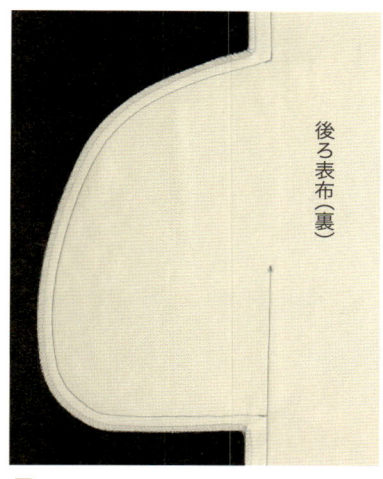
5 縫い代の始末をしたところ。

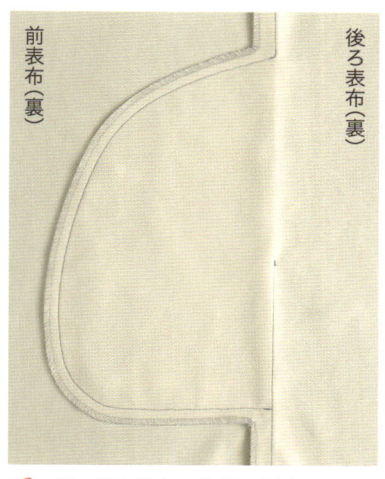
6 縫い代と袋布を前側へ倒す。

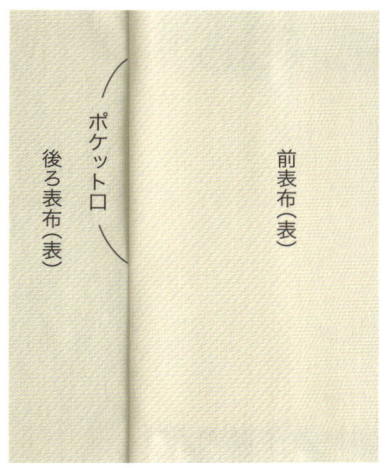
表から見たところ。

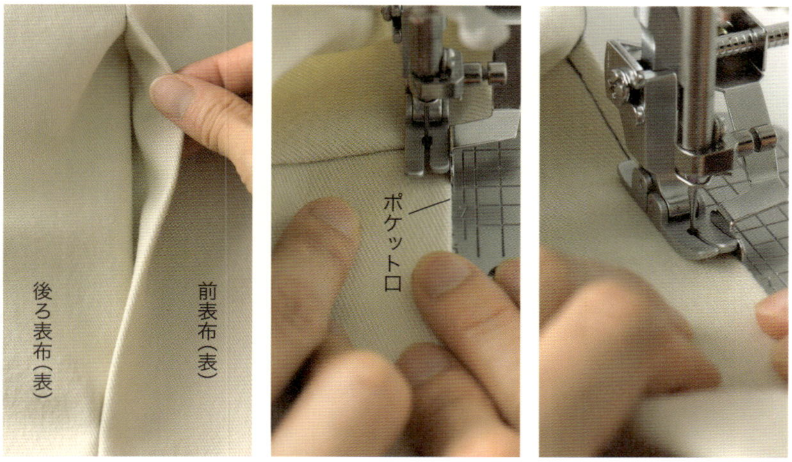

7 前側のポケット口内側からステッチをかける。

8 ポケット口にステッチがかかったところ。

9 ポケット口両端のステッチ幅内を3〜4回返し縫いをして補強する。でき上り（表）。

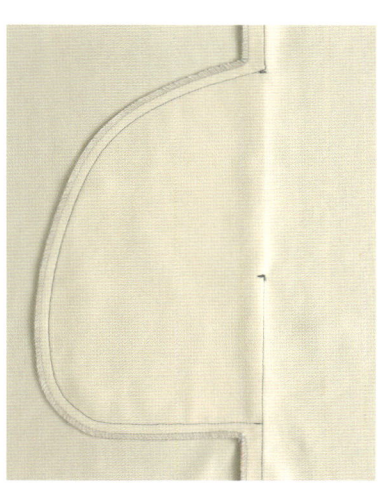
でき上り（裏）。

シーム・ポケット

切替え袋布

袋布を表布と別裁ちする。ポケット口から見える側(外側袋布)は向う布を兼ねて表布を、隠れて見えない側(内側袋布)にはスレキや裏地を使用してもいい。

◎縫い代を片返しにする場合

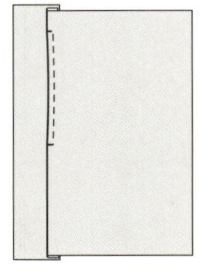
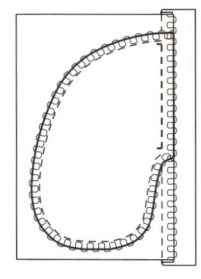

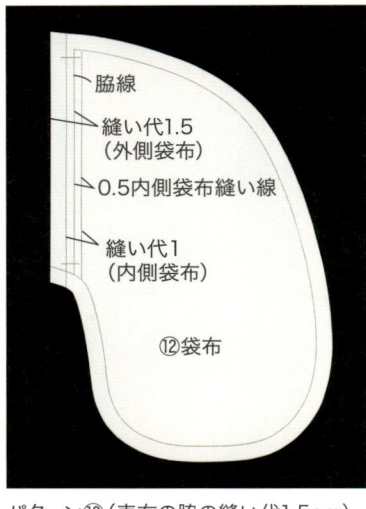

パターン⑫(表布の脇の縫い代1.5cm)
指定以外の縫い代は1cm

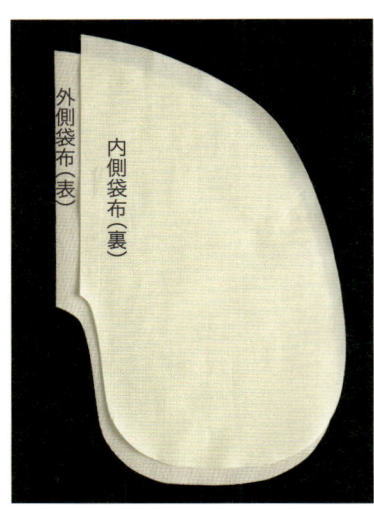

1 裁断。

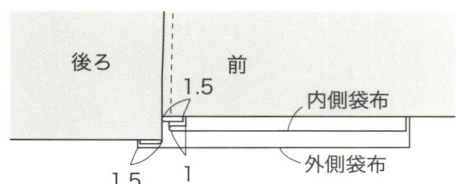

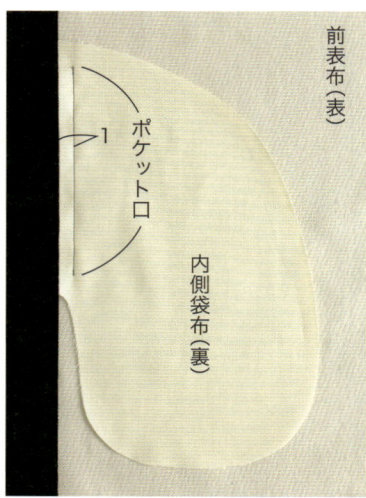

2 前表布のポケット口裏面に伸び止めテープをはり、内側袋布を中表に合わせ、裁ち端をそろえて1cmのところを縫う。

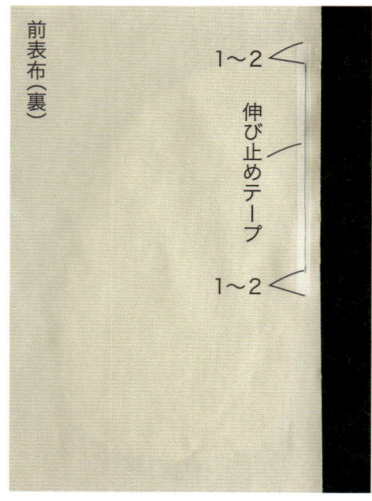

裏から見たところ。

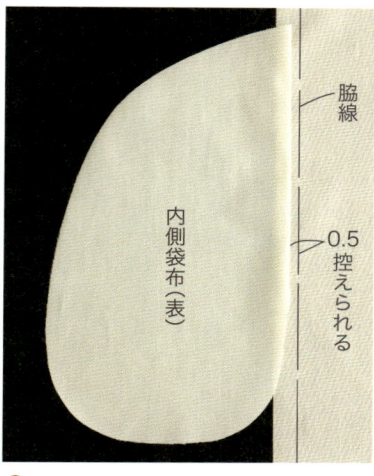

3 袋布側へ片返しにする。

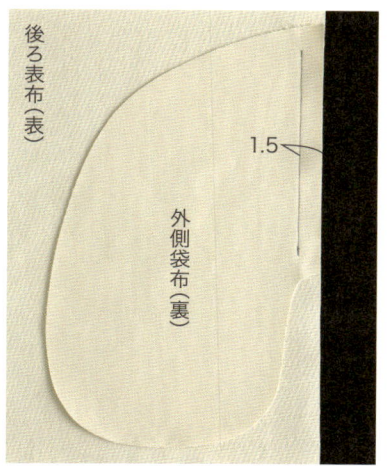

4 後ろ表布のポケット口に外側袋布を中表に合わせて縫う。

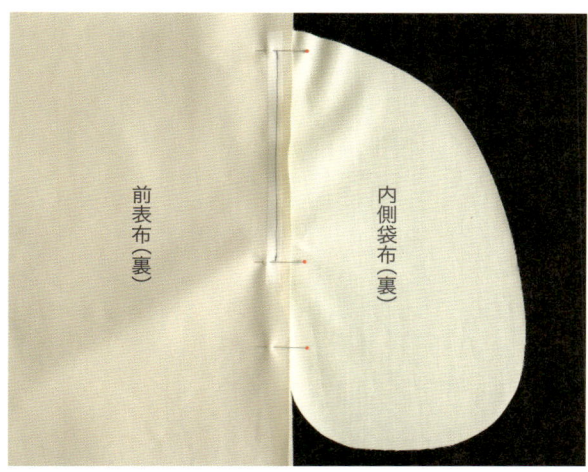

5 前後表布のポケット位置を中表に合わせ、まち針でとめる。

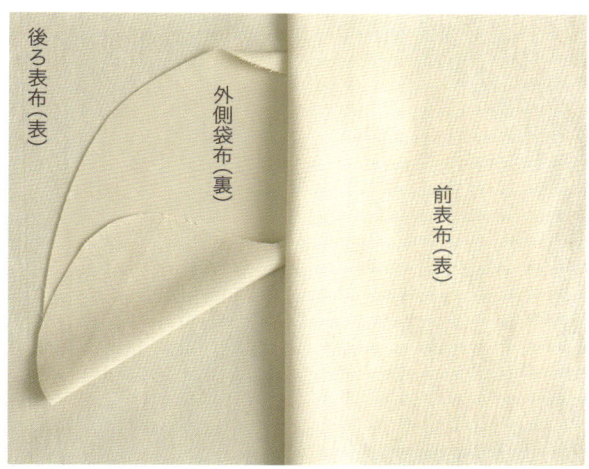

表から見たところ。袋布は、はさみ込まないようよけておく。

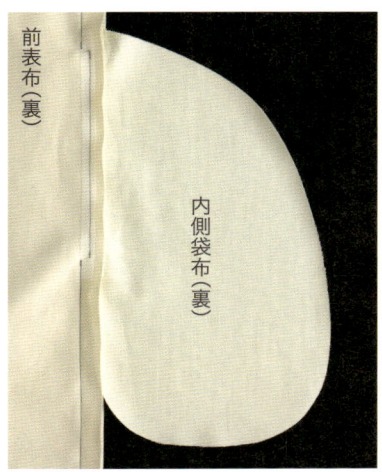

6 前後表布の脇を縫い合わせる(ポケット口は縫わない)。

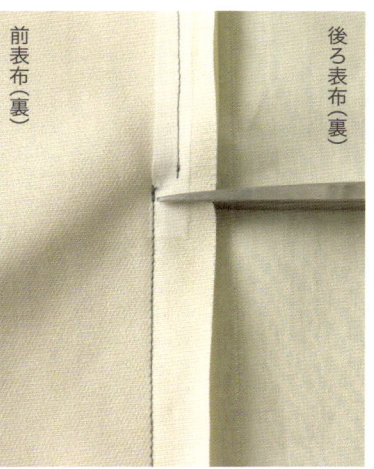 

7 前表布の縫い代のみポケット口あき止りより上下とも0.5cmくらいの位置に切込みを入れる。袋布を切らないように注意する。

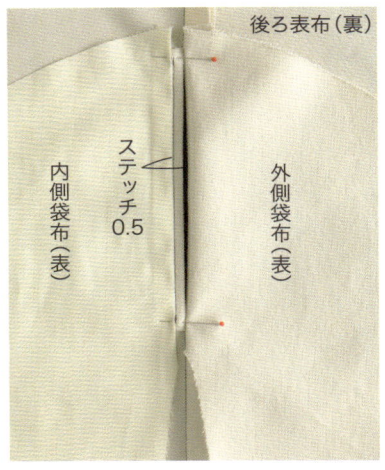

8 外側袋布を裏面へ引き出し、前表布ポケット口の縫い代をでき上りに折りステッチをかける。

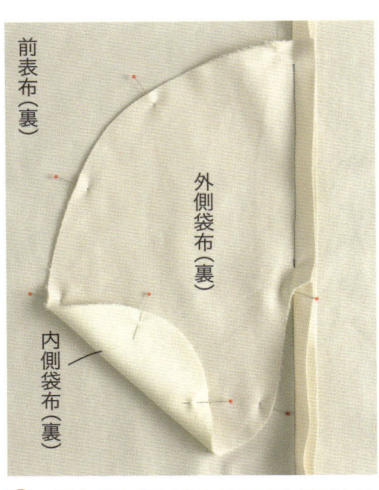

9 袋布を中表に合わせてまち針でとめる。

10 袋布の周囲を縫う。

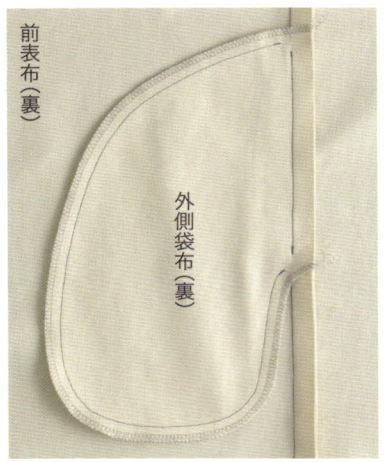

11 袋布の縫い代を始末する。

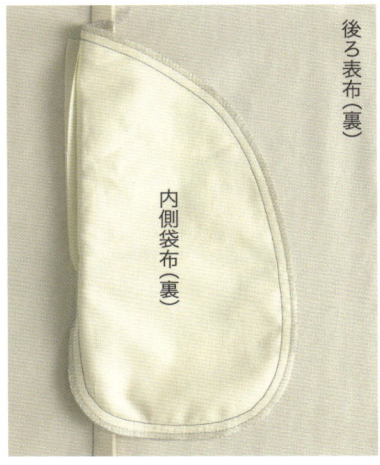

12 表布縫い代と袋布ポケット口縫い代を続けて始末する。表からポケット口両端のステッチ幅内を3〜4回返し縫いをして補強する。でき上り（裏）。

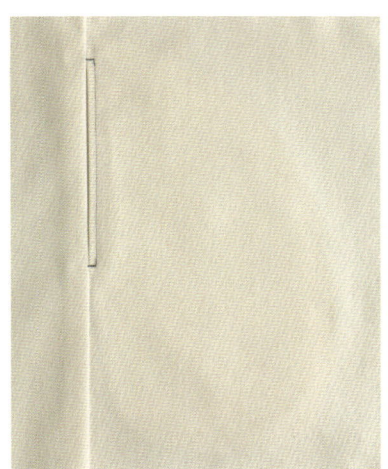

でき上り（表）。

34　シーム・ポケット

スレキ（スレーキ）

光沢のある綾織りまたは平織物で
"ポケットの袋布"などに使われる。
キュプラやポリエステルの裏地よりも
丈夫で扱いやすい。

● 杉綾スレキ

● フランス綾スレキ

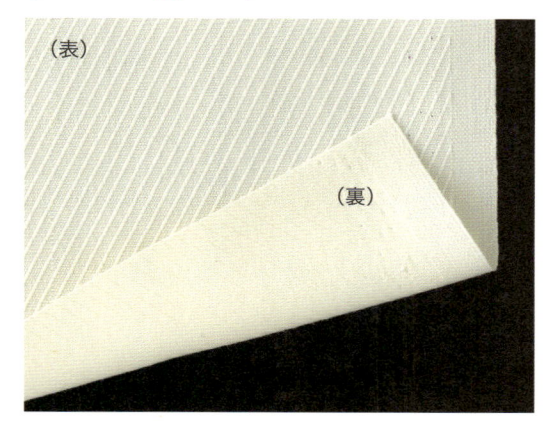

● 縞スレキ

● 起毛スレキ

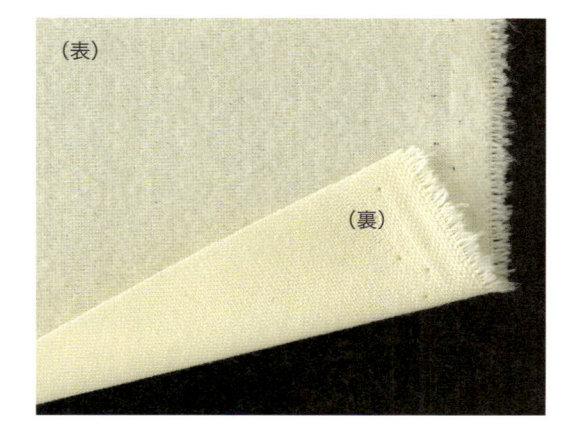

シーム・ポケット

◎縫い代を割る場合

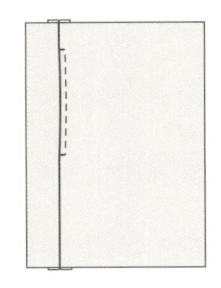

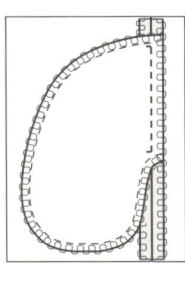

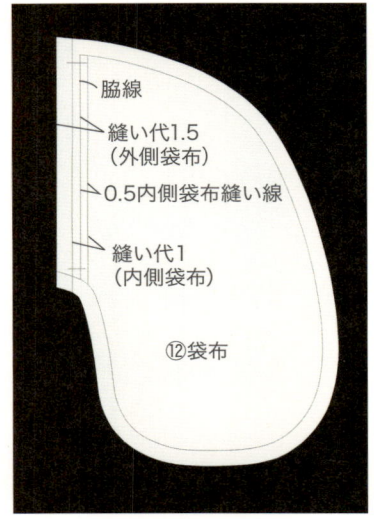

パターン⑫(表布の脇の縫い代1.5cm)
指定以外の縫い代は1cm

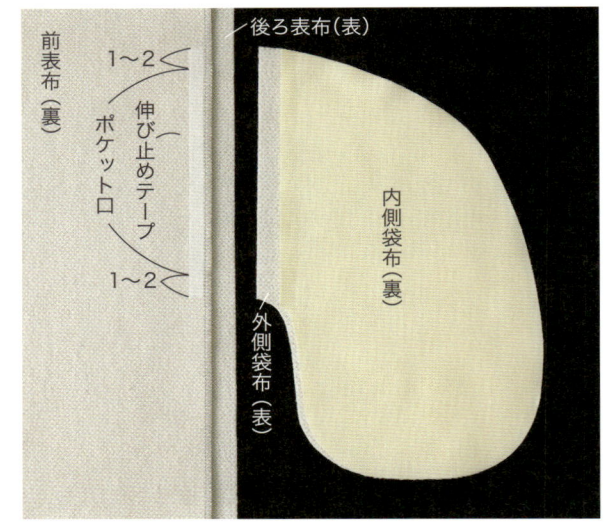

- 脇線
- 縫い代1.5（外側袋布）
- 0.5内側袋布縫い線
- 縫い代1（内側袋布）
- ⑫袋布

1 裁断。前表布の縫い代を始末。ポケット口裏面に伸び止めテープをはる。

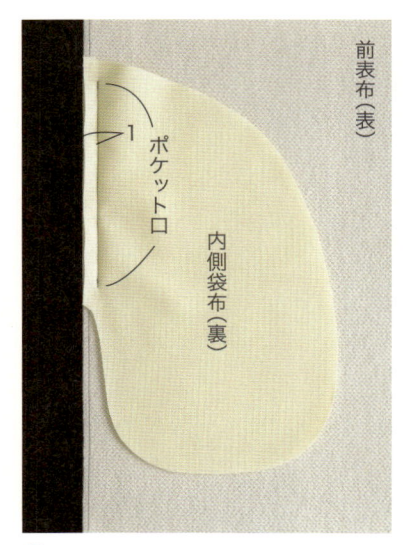

前表布（裏） / 後ろ表布（表） / 1〜2 / 伸び止めテープ / ポケット口 / 1〜2 / 内側袋布（裏） / 外側袋布（表）

2 前表布と内側袋布を中表に合わせ、裁ち端をそろえて1cmのところを縫う。

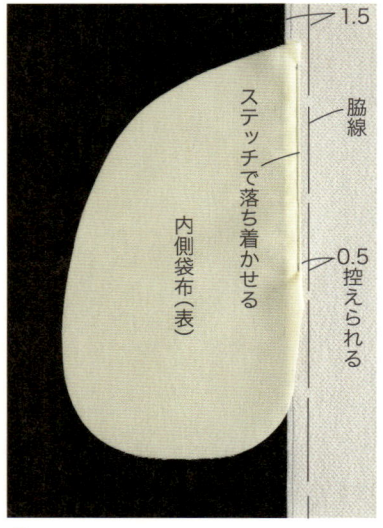

前表布（表） / ポケット口 / 1 / 内側袋布（裏）

3 袋布側に片返しにする。袋布を落ち着かせるためにステッチをかけておいてもいい。

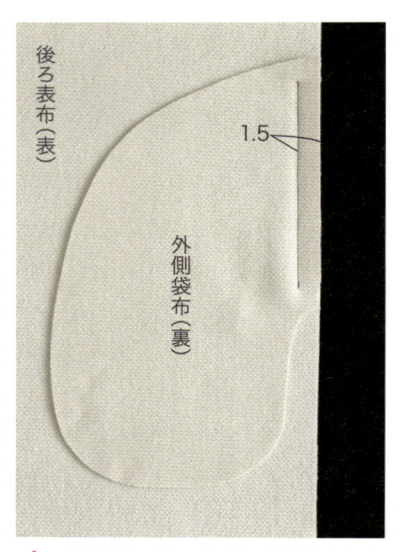

1.5 / 脇線 / ステッチで落ち着かせる / 0.5控えられる / 内側袋布（表）

4 後ろ表布ポケット口に外側袋布を中表に合わせて縫う。

後ろ表布（表） / 1.5 / 外側袋布（裏）

シーム・ポケット

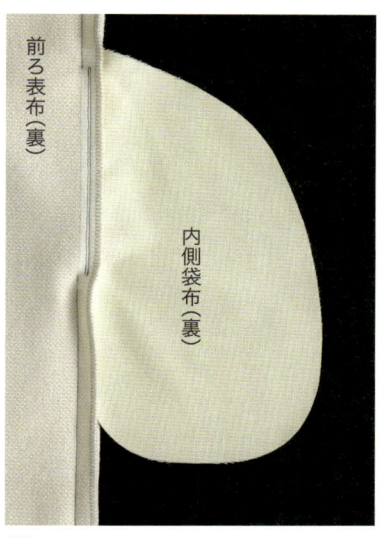

5 前後表布の脇を縫い合わせる(ポケット口は縫わない)。袋布をはさみ込まないように注意する。

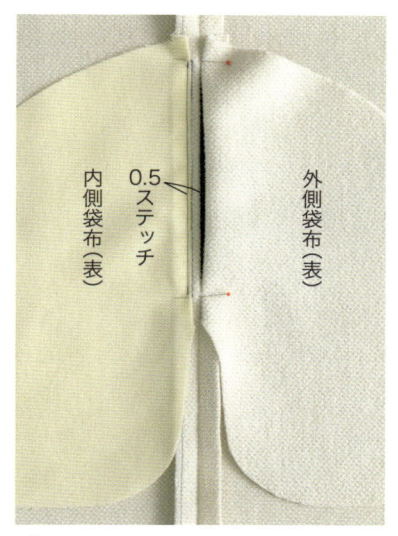

前ろ表布(裏)
内側袋布(裏)

6 前表布ポケット口の縫い代をでき上りに折りステッチをかける。

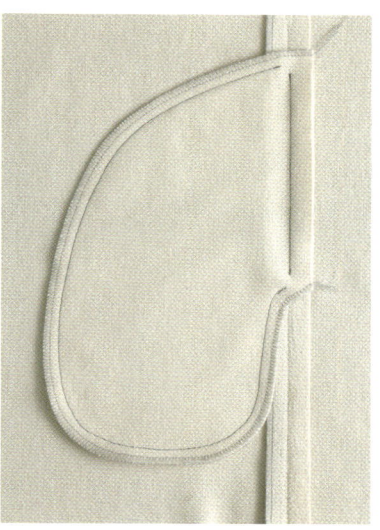

内側袋布(表)
0.5 ステッチ
外側袋布(表)

7 表布の縫い代を割り、内・外側袋布を中表に縫い合わせ、周囲の縫い代を始末する。

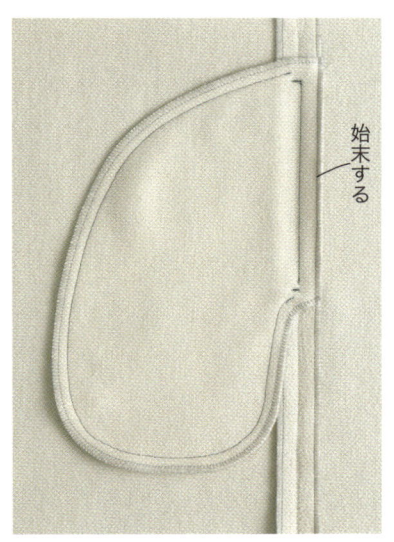

8 後ろ表布縫い代と袋布ポケット口縫い代を続けて始末する。表からポケット口両端のステッチ幅内を3〜4回返し縫いをして補強する。
でき上り(裏)。

始末する

でき上り(表)。

シーム・ポケット 37

スラッシュ・ポケット

切込みを入れて作るポケット。ポケット口から袋布が見えるので、見える側の袋布を表布と共布にしたり、デザインとして別布を使用してもいい。

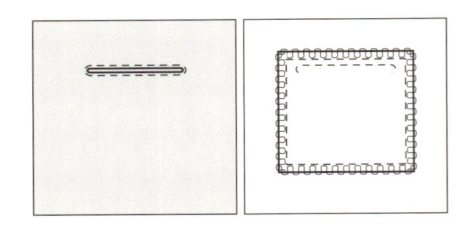

パターン⑬
縫い代は1cm

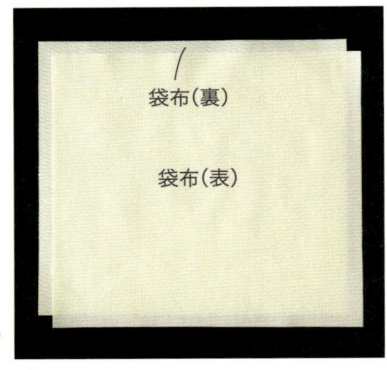

1 裁断。

2 表布ポケット口の裏面に補強の力芯をはる。

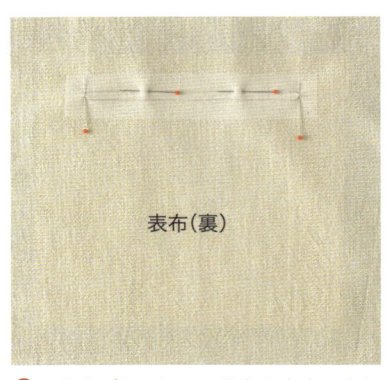

3 表布ポケット口に袋布を中表に合わせてまち針でとめる。

4 ずれないようにしつけでとめる。

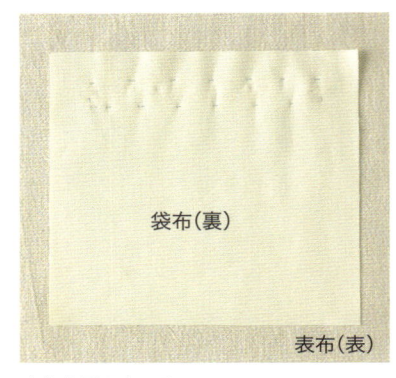

表から見たところ。

5 ポケット口を、やや細かめの針目で縫う。

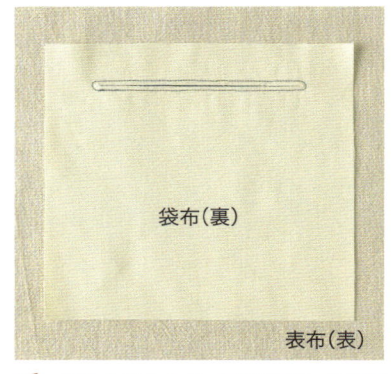

6 切込みを入れる。両端は縫い目を切らないようにぎりぎりまで切り込む。

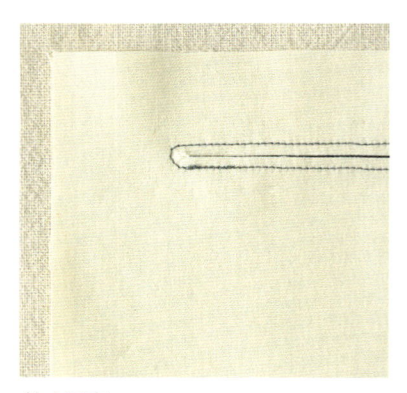

拡大写真。

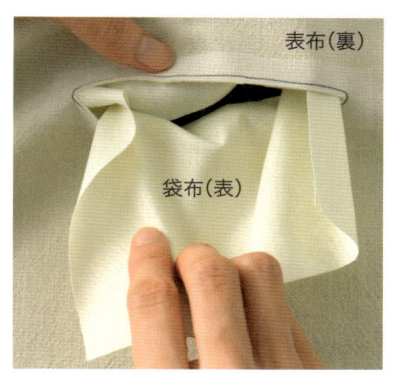

7 袋布を裏面に引き出す。

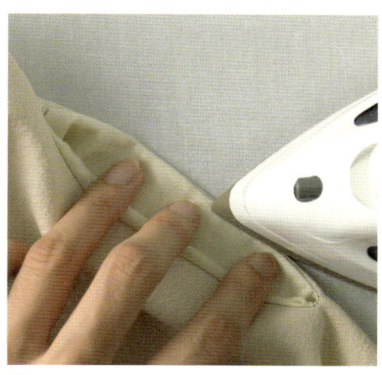

8 ポケット口をアイロンで整える。

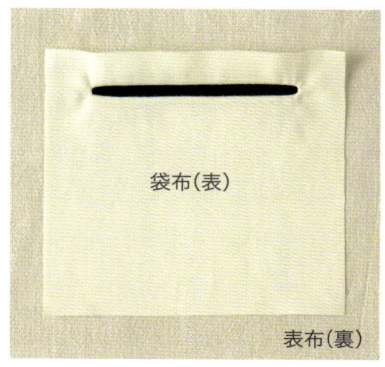

9 袋布を落ち着かせる。

10 ポケット口下側半分にステッチをかける。

拡大写真。

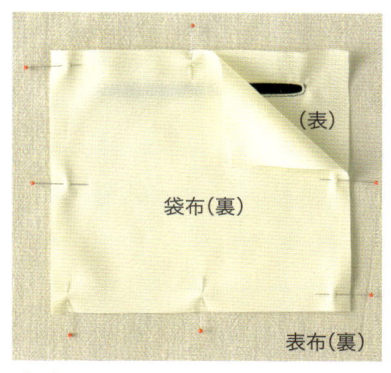

11 もう1枚の袋布を中表に合わせてまち針でとめる。

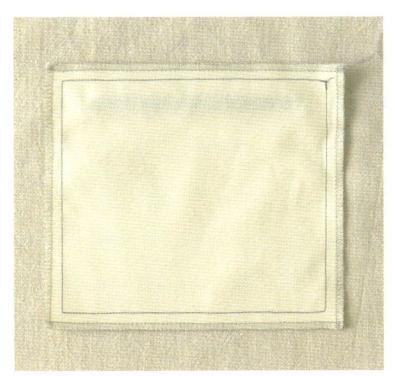

12 袋布の周囲を縫い、縫い代を始末する。

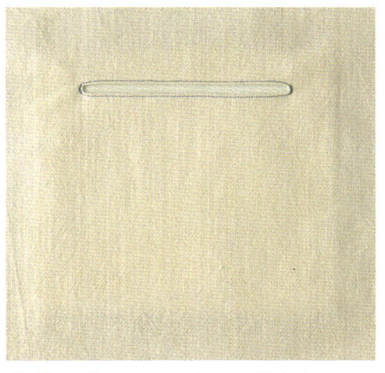

13 ポケット口上側に、袋布まで通してステッチをかける。両端は補強に3〜4回返し縫いをする。でき上り(表)。

でき上り(裏)。

スラッシュ・ポケット 39

切込みを入れて作るので、好きな位置に好きなラインのポケットを。
表から細く見える袋布の色を変えたり、袋布の形をデザインしても楽しい。

●ストライプ柄で斜めにスラッシュ
袋布は同系の濃色無地を、袋布回りの始末はストライプを生かしてパイピングに。

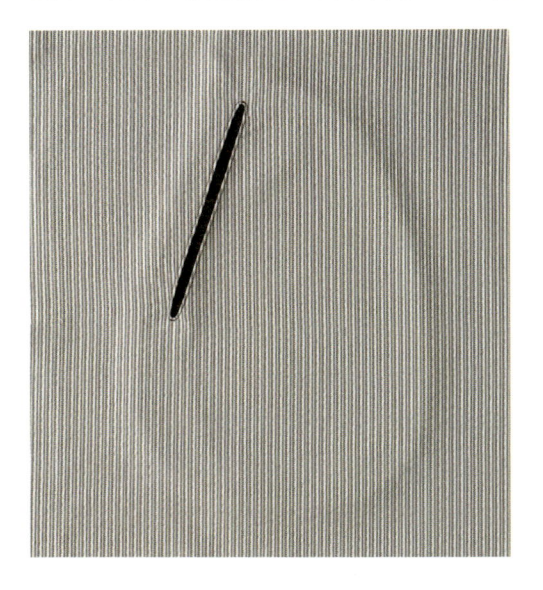

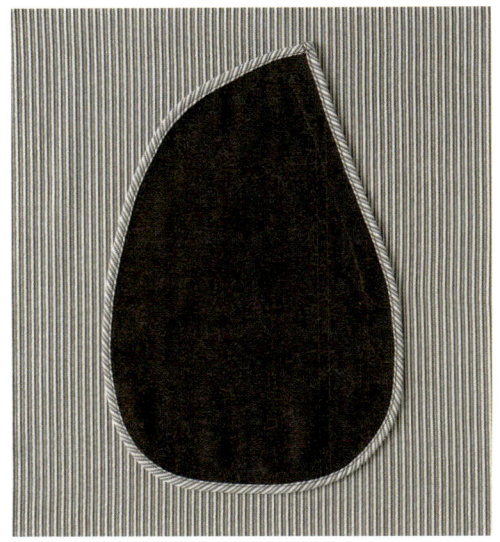

●ドット柄の円をモチーフにスラッシュ
ポケット口が落ち着くようにスナップと飾りボタンをつけ、袋布の形も円に。

※上のスラッシュポケットの実物大パターンはついていません。

ファスナーあきスラッシュ・ポケット

スラッシュにファスナーを合わせたポケット。
ここでは1枚の袋布を表布にステッチでとめる場合で説明。
表にステッチを見せたくない場合は
p.38のスラッシュ・ポケットと同様に袋布2枚で作る。

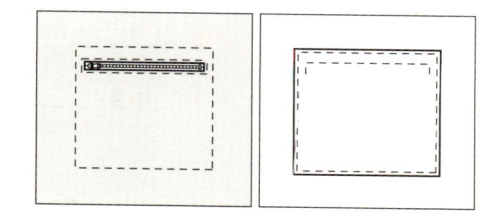

パターン⑭＋⑮
縫い代は1cm

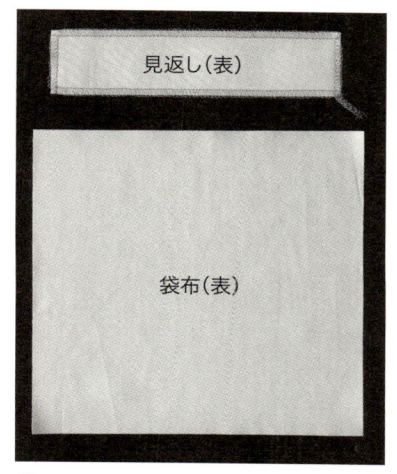

1 裁断。見返しの周囲を始末する。

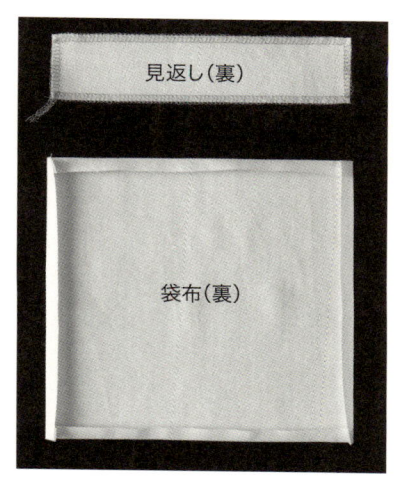

2 袋布の周囲をでき上りに折る。

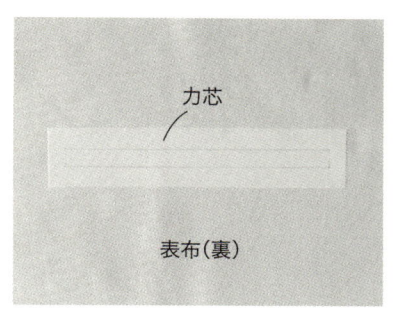

3 表布のポケット口裏面に補強の力芯をはる。

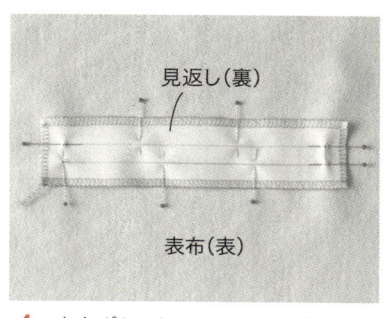

4 表布ポケット口に見返しを中表に合わせてまち針でとめる。

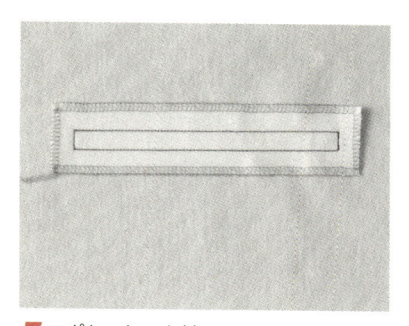

5 ポケット口を縫う。

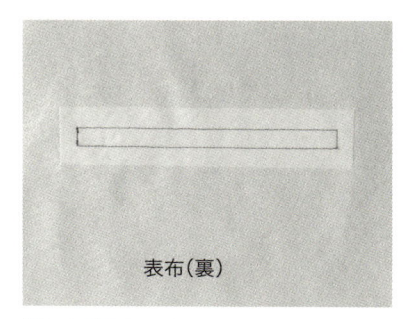

6 裏から見たところ。

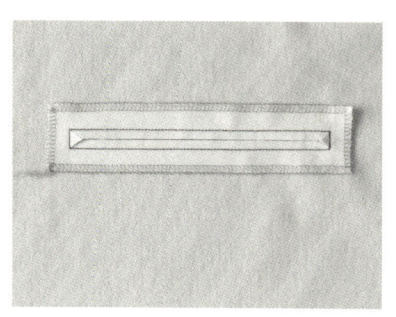

6 矢羽根に切込みを入れる。

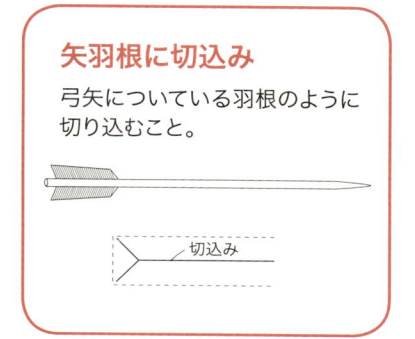

矢羽根に切込み

弓矢についている羽根のように
切り込むこと。

ファスナーあきスラッシュ・ポケット

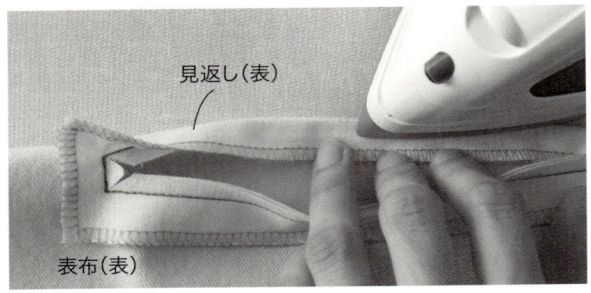

7 見返しを切込みから裏面へ返し、ポケット口をアイロンで整える。

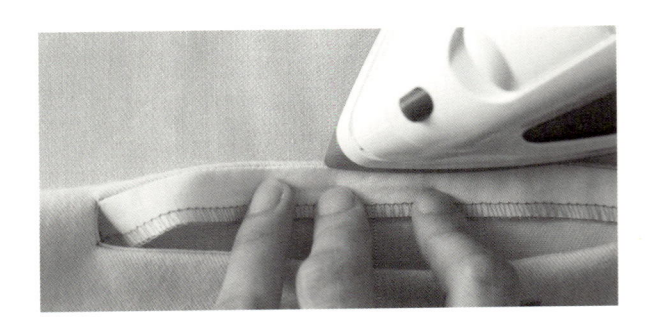

裏から見たところ。

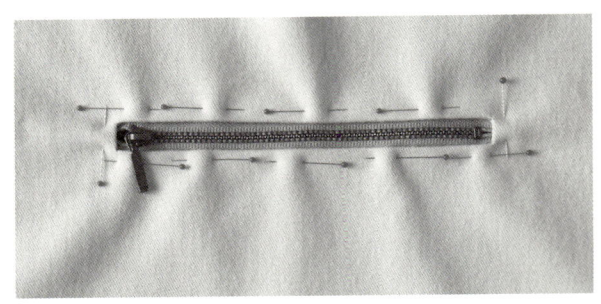

8 ポケット口にファスナーを当て、まち針でとめる。

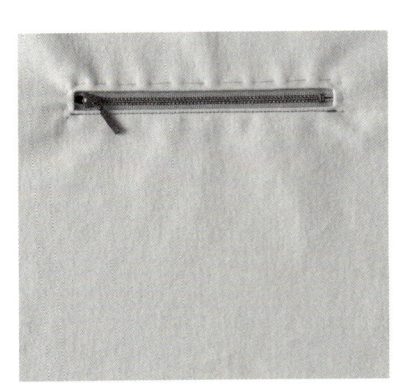

9 下側をミシンで縫いつけ、上側はしつけでとめておく。

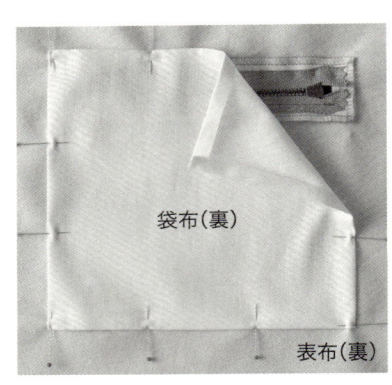

10 表布裏面に周囲をでき上りに折った袋布を合わせまち針でとめる。

11 袋布の周囲にステッチをかける。

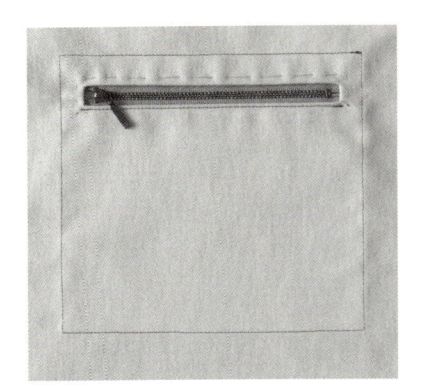

表から見たところ。

12 表から、ポケット口上側と両端を袋布まで通してステッチをかける。両端は補強に3〜4回返し縫いをする。でき上り(表)。

でき上り(裏)。

両玉縁ポケット

切込みを入れて、切り口の両側を玉縁で仕上げるポケット。
玉縁とは縁とりのこと。

続き口布（縫い代片返し、ステッチあり）

袋布に口布を続けて裁ち、両玉縁を作る。

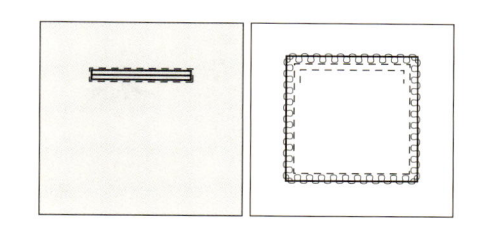

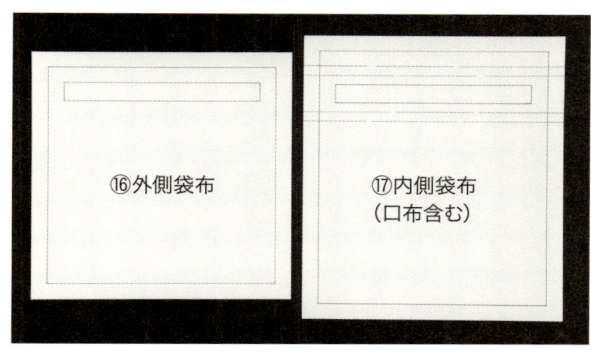

パターン⑯＋⑰
縫い代は1cm

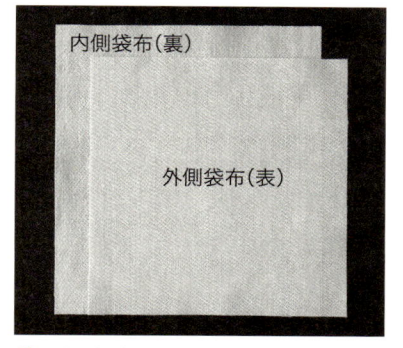

1 裁断。内側袋布は口布にもなるので、両袋布とも表布を使用する。

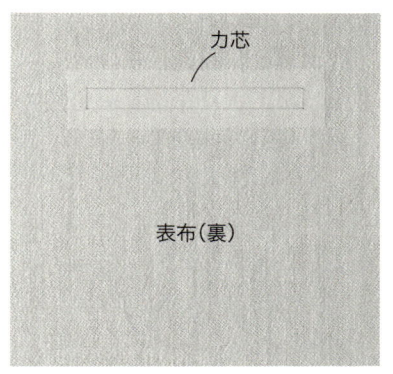

2 表布のポケット口裏面に補強の力芯をはる。

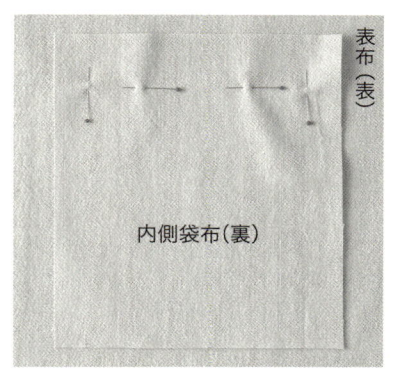

3 表布のポケット口に内側袋布を中表に合わせてまち針でとめる。

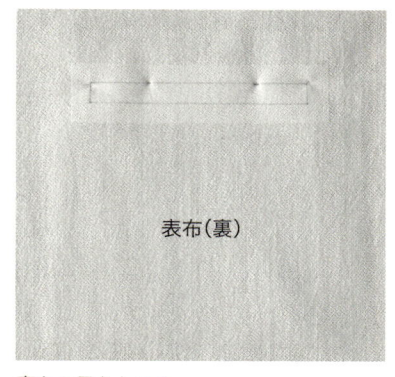

裏から見たところ。

4 ポケット口の回りをしつけでとめる。

5 ポケット口をやや細かめの針目で縫う。

表から見たところ。

両玉縁ポケット

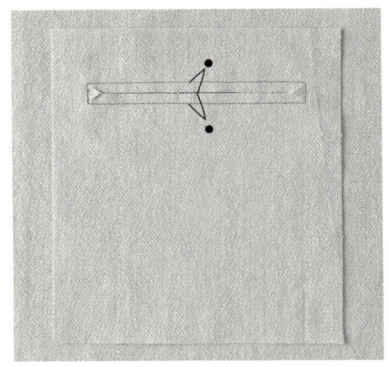

6 矢羽根に切込みを入れる。切り口の両側を均等に縁どれるように切込みは中央に入れる。

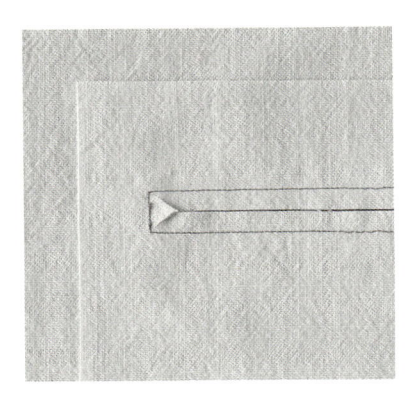

拡大写真。

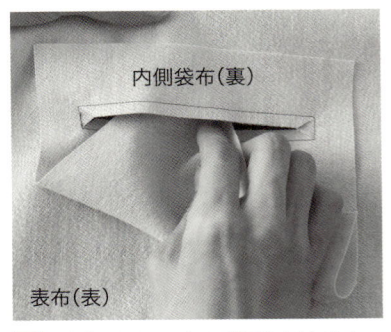

7 袋布を切込みから裏面に引き出す。

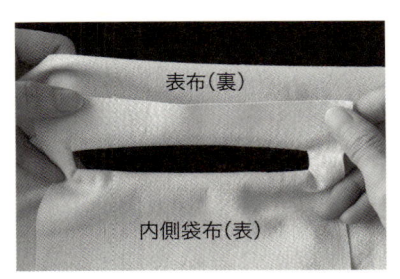

裏から見たところ。

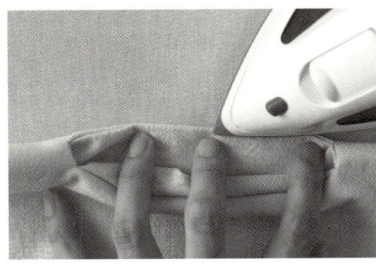

8 ポケット口を一度アイロンで整える。

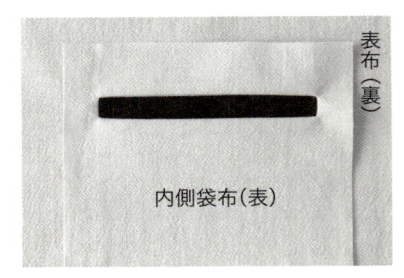

裏から見たところ。

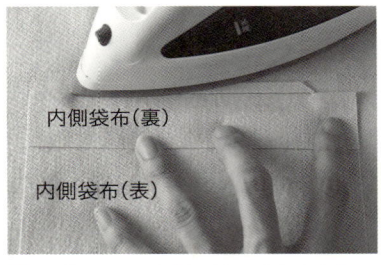

9 ポケット口上側の縫い代を表布側へ片返しにする。

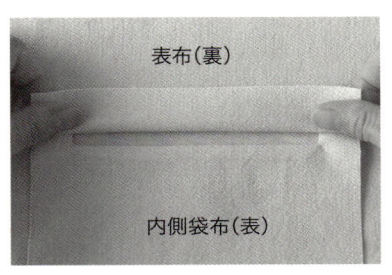

10 袋布を折り返して玉縁をとる。

玉縁幅を整える。

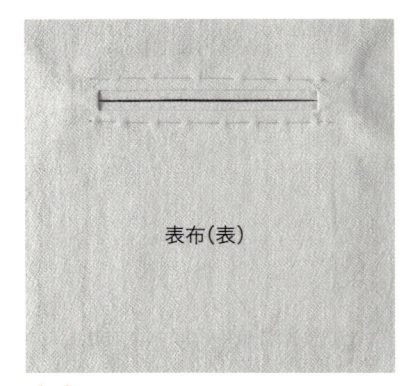

11 下側も同様に玉縁幅を整えて、上下をしつけでとめる。

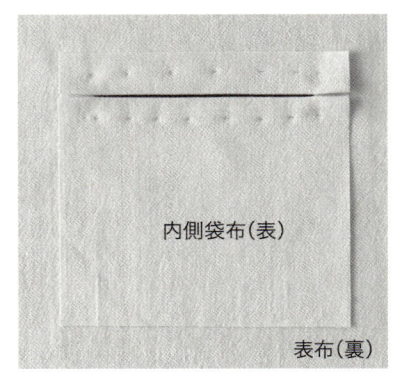

裏から見たところ。

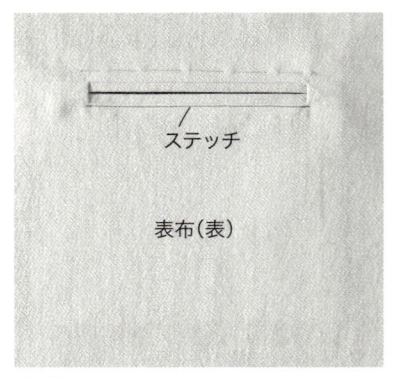

12 下側のポケット口にステッチをかける。

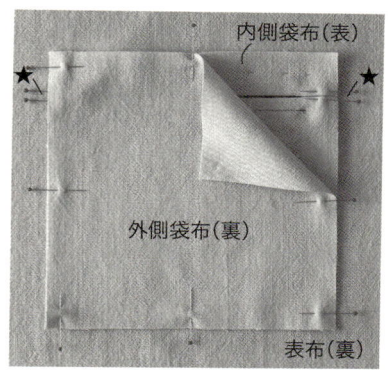

13 袋布2枚を中表に合わせ、まち針でとめる。★玉縁にたたんだ布端が広がらないように注意する。

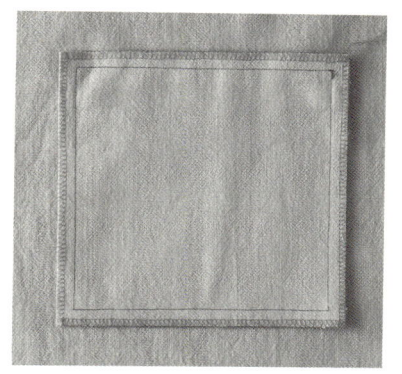

14 袋布の周囲を縫い、縫い代を始末する。

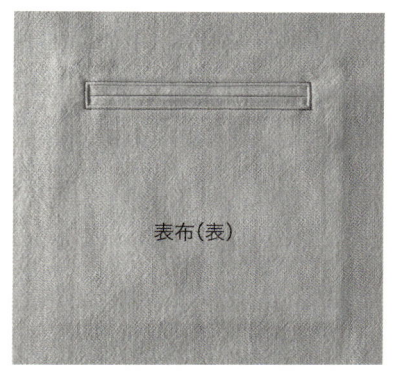

15 表からポケット口上側と両端に袋布まで通してステッチをかける。両端は補強を兼ねて3～4回返し縫いをする。でき上り(表)。

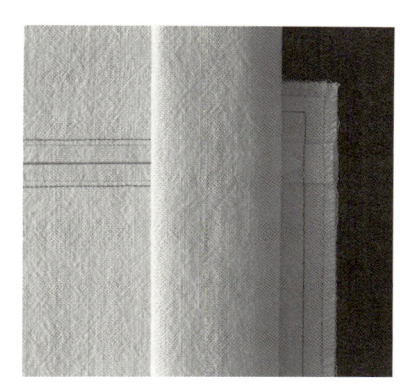

拡大写真。

でき上り(裏)。

玉縁ポケットの口布をバイアスに裁つ

縞柄生地を使用する場合、地の目を変えるだけでもデザインになる。

両玉縁ポケット

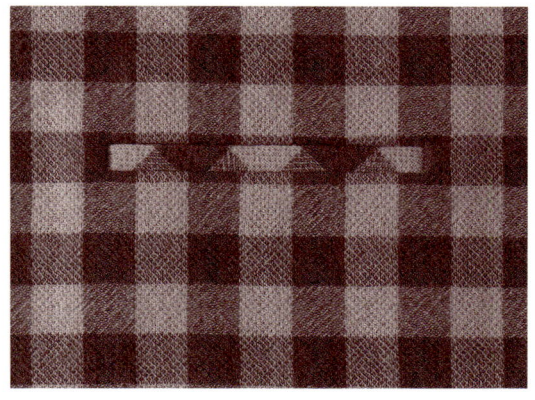

片玉縁ポケット

両玉縁ポケット　45

別裁ち口布（縫い代割り、ステッチなし）

口布を別裁ちにして、袋布にはスレキや裏地を使用する。
ポケット口から見える側の袋布には表布（向う布）をつける。

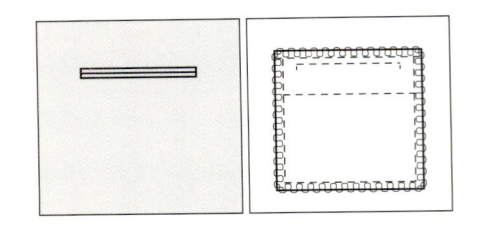

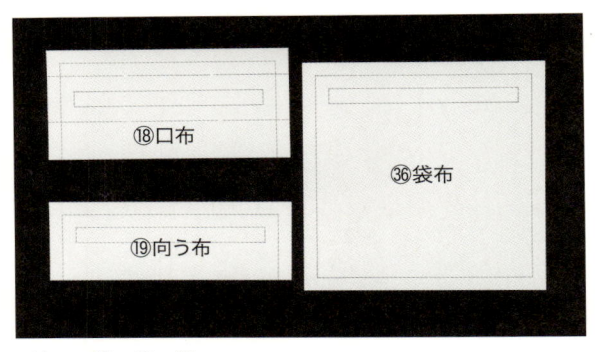

パターン⑱＋⑲＋㊱
縫い代は1cm

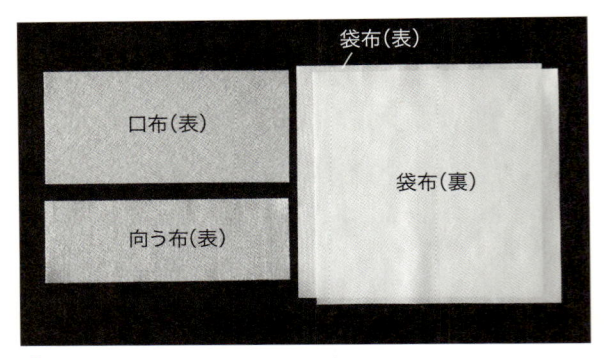

1 裁断。口布と向う布は表布を使用する。

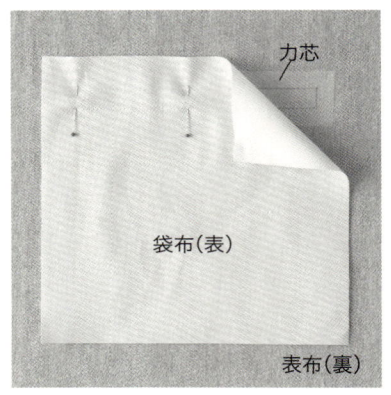

2 表布のポケット口裏面に補強の力芯をはり、ポケット口を合わせて袋布を添え、まち針でとめる。

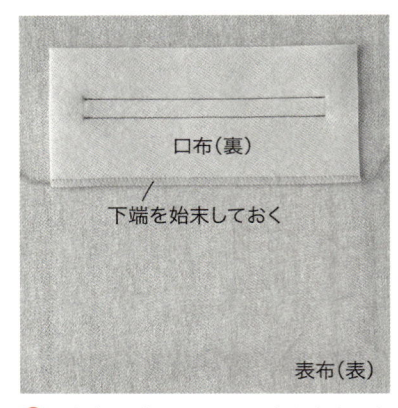

3 表布のポケット口に口布を中表に合わせ、ポケット口の上下を縫う。

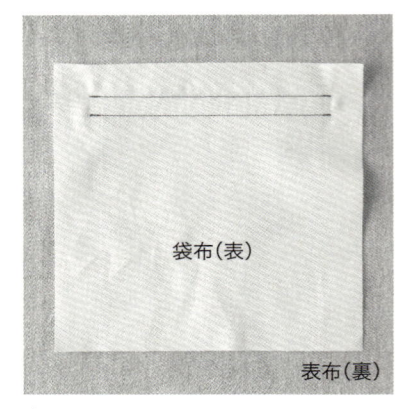

裏から見たところ。

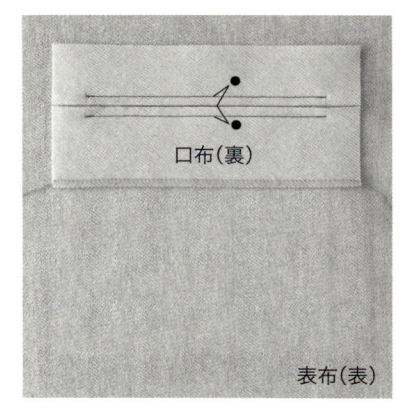

4 口布のみにはさみを入れ、ポケットの口中央で二つに切り離す。

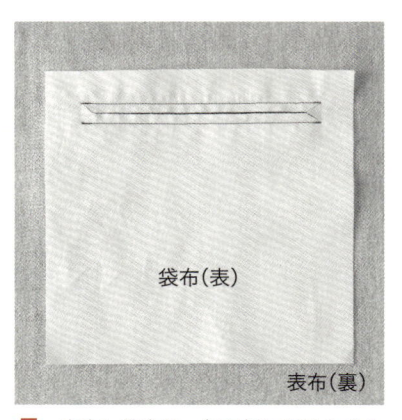

5 表布と袋布は、矢羽根に切込みを入れる（p.52の**7**参照）。

46　両玉縁ポケット

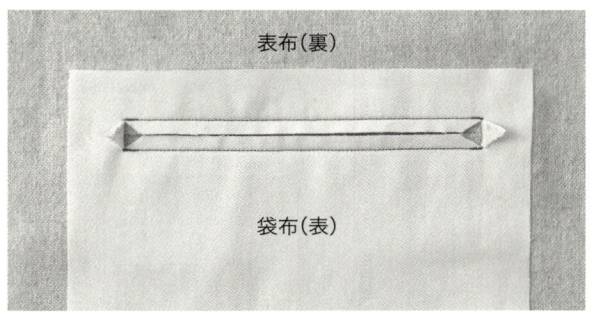

6 表布と袋布の切り込んだ三角の部分をアイロンでしっかり折る。

7 切込みから上側の口布を裏面へ引き出し、縫い代を割る。

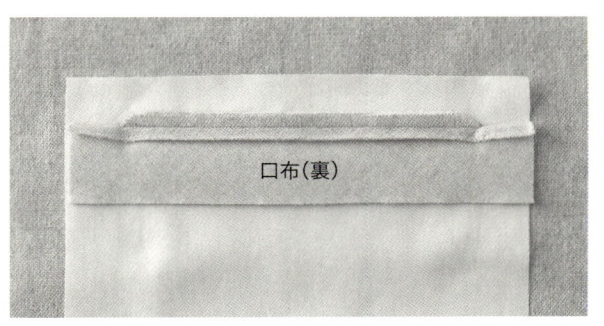

割ったところ。

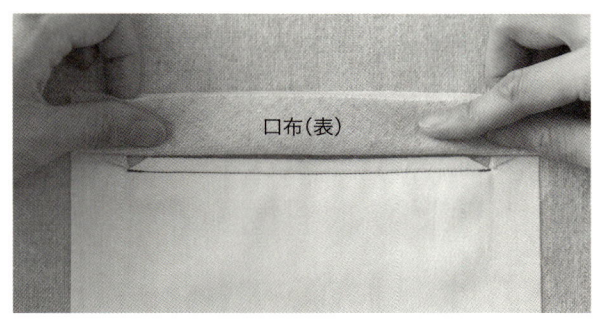

8 口布を折り返して玉縁をとる。

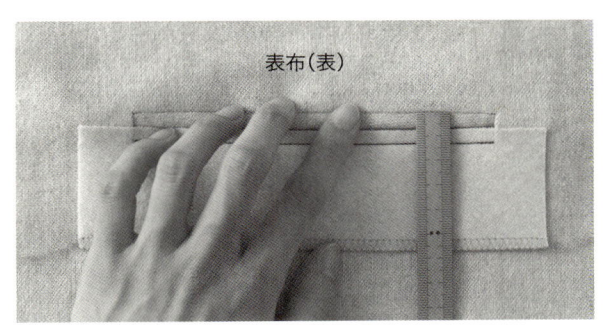

玉縁幅を整えて、しつけでとめておく。

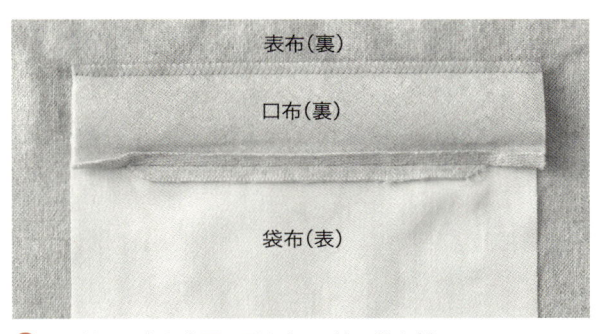

9 下側の口布を裏面へ引き出し、縫い代を割る。

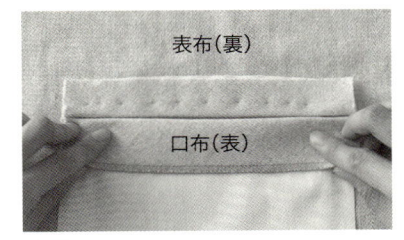

10 上側と同じように口布を折り返して玉縁をとる。

11 表から、ポケット口下側の縫い目に落しミシンをかける。

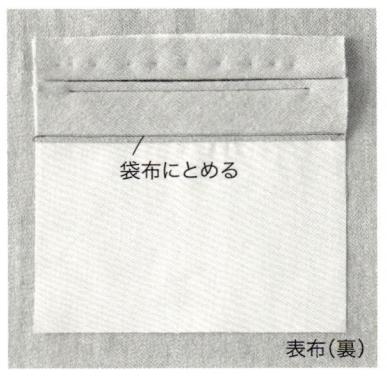

12 口布の下端を袋布に縫いとめる。

両玉縁ポケット

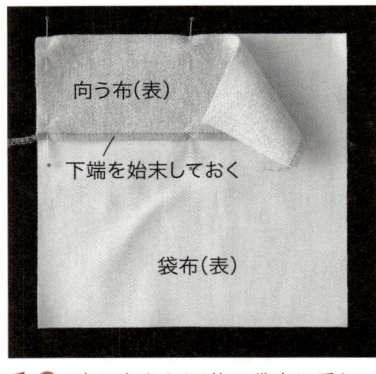

13 向う布をもう1枚の袋布に重ねてまち針でとめる。

14 向う布の上下を縫う。

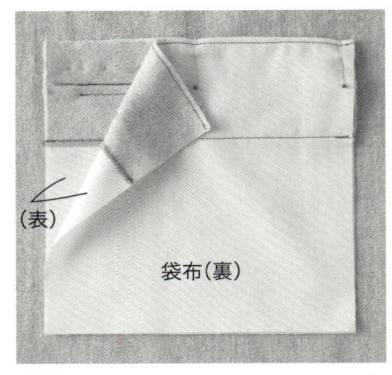

15 袋布2枚を中表に合わせてまち針でとめる。

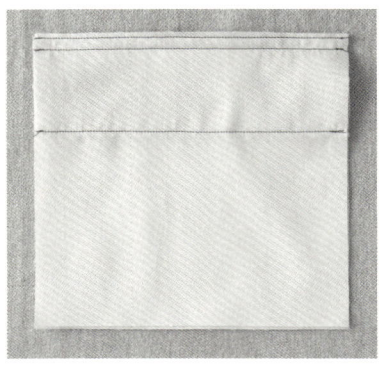

16 袋布上側の縫い代を縫う。

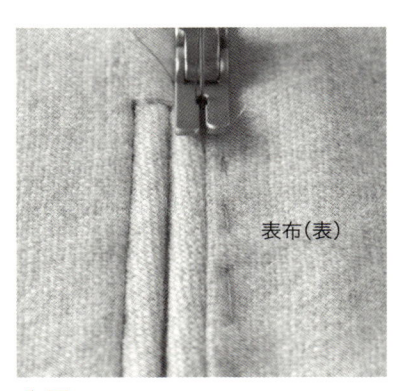

17 表からポケット口上側の縫い目に袋布まで通して落しミシンをかける。

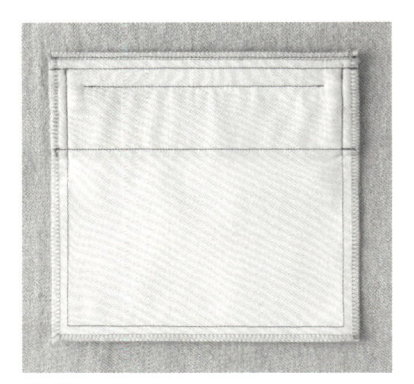

18 袋布の周囲を縫い、縫い代を始末する。

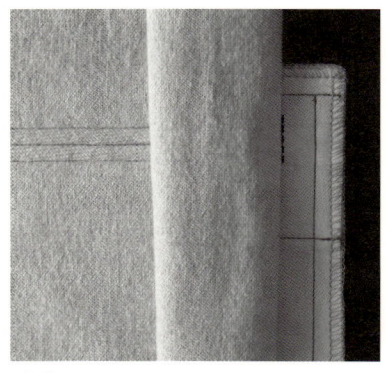

19 表布をめくり、ポケット口両端を袋布まで通して縫う。補強を兼ねて3〜4回返し縫いをする。

でき上り(表)。

でき上り(裏)。

48　両玉縁ポケット

片玉縁ポケット

切込みを入れて、切り口の片側だけを玉縁で仕上げるポケット。

続き口布（縫い代片返し、ステッチあり）

袋布に口布を続けて裁ち、玉縁を作る。

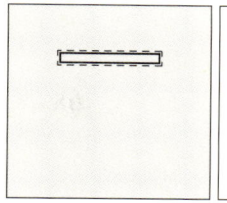

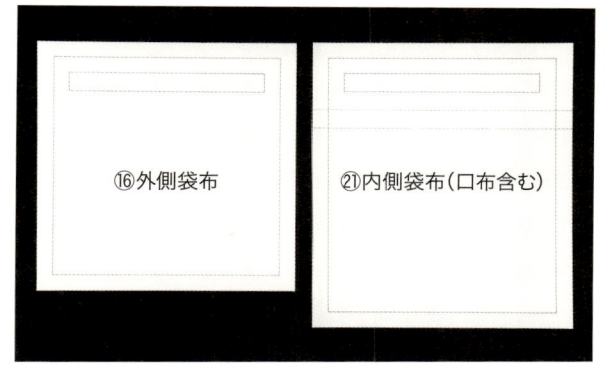

パターン⑯＋㉑
縫い代は1cm

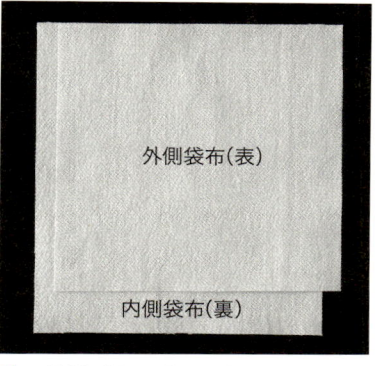

1 裁断。内側袋布は口布にもなるので、両袋布とも表布を使用する。

2 表布のポケット口裏面に補強の力芯をはる。

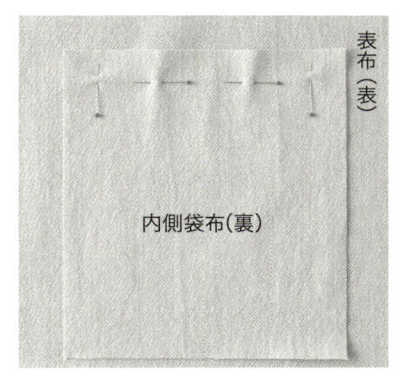

3 表布のポケット口に内側袋布を中表に合わせてまち針でとめる。

4 ポケット口をやや細かめの針目で縫い、矢羽根に切込みを入れる(p.43、44参照)。

5 袋布を切込みから裏面に引き出し、ポケット口をアイロンで整える。

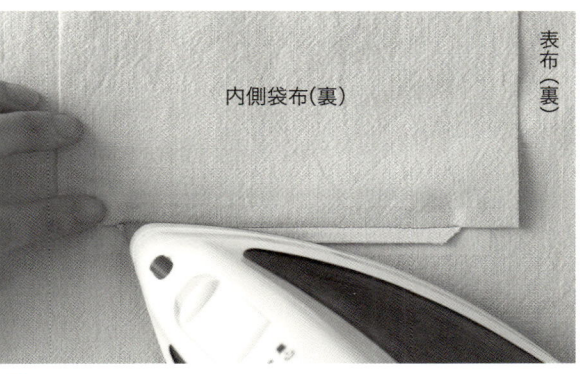

6 ポケット口下側の縫い代を表布側へ片返しにする。

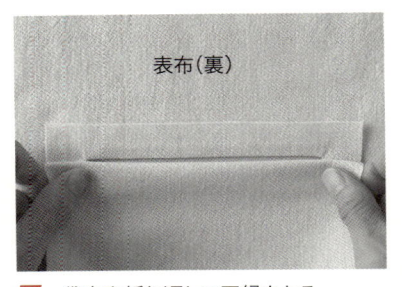

7 袋布を折り返して玉縁をとる。

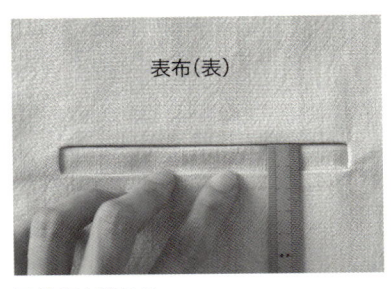

玉縁幅を整える。

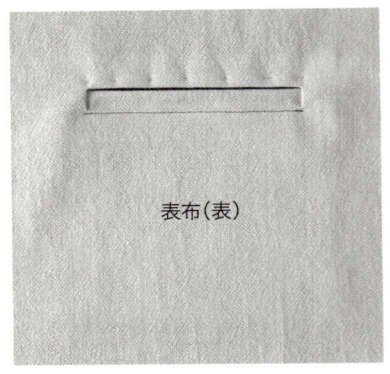

8 上側の縫い代をしつけでとめ、下側は表からステッチをかける。

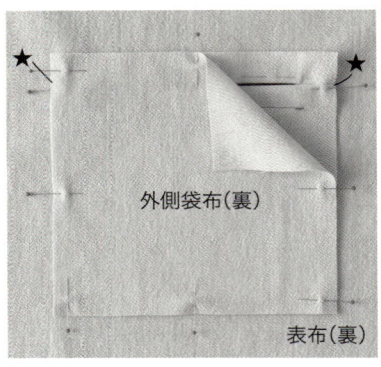

9 袋布2枚を中表に合わせ、まち針でとめる。★玉縁にたたんだ布端が広がらないように注意する。

拡大写真。

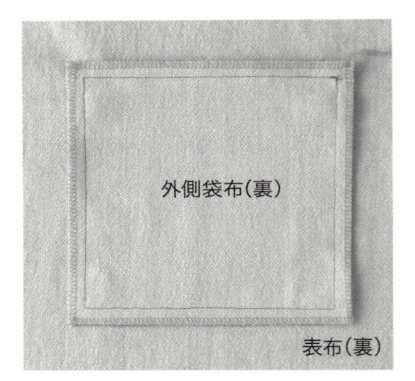

10 袋布の周囲を縫い、縫い代を始末する。

11 表からポケット口上側と両端に袋布まで通してステッチをかける。両端は補強を兼ねて3〜4回返し縫いをする。でき上り(表)。

表布をめくった拡大写真。

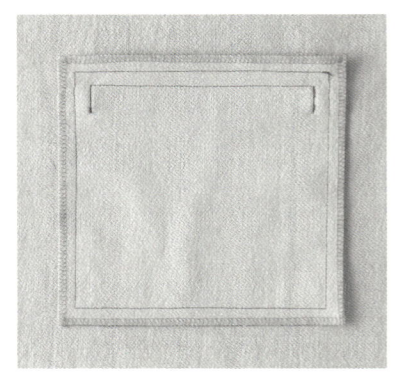

でき上り(裏)。

50　片玉縁ポケット

別裁ち口布（縫い代割り、ステッチなし）

口布を別裁ちにして、袋布にはスレキや裏地を使用する。
ポケット口から見える側の袋布には表布（向う布）をつける。

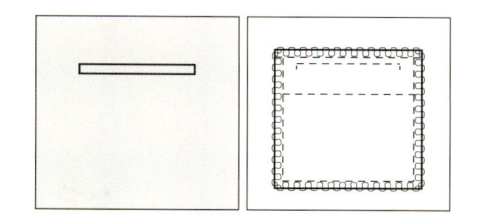

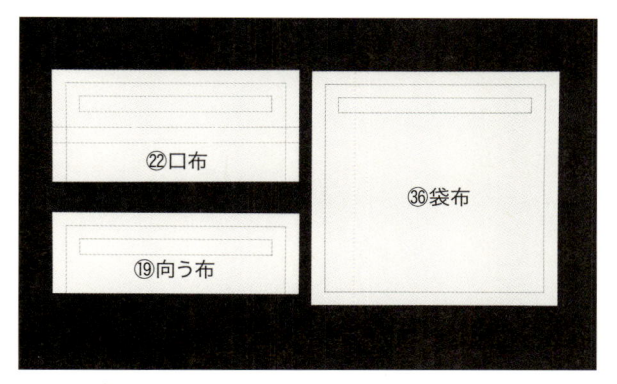

パターン⑲＋㉒＋㊱
縫い代は1cm

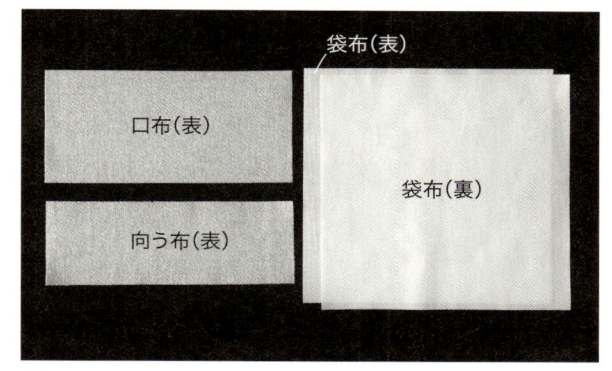

1 裁断。口布と向う布は表布を使用する。

2 表布のポケット口裏面に補強の力芯をはる。

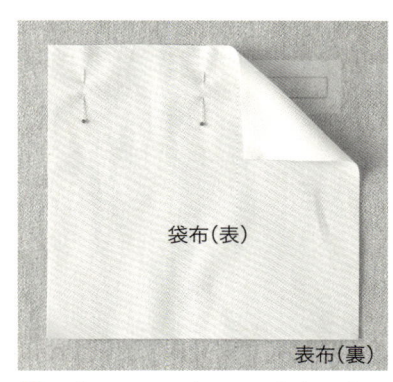

3 ポケット口を合わせて袋布を添え、まち針でとめる。

4 しつけでとめる。

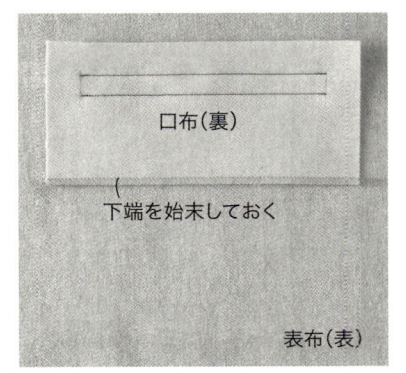

5 表布のポケット口に口布を中表に合わせ、ポケット口の上下を縫う。

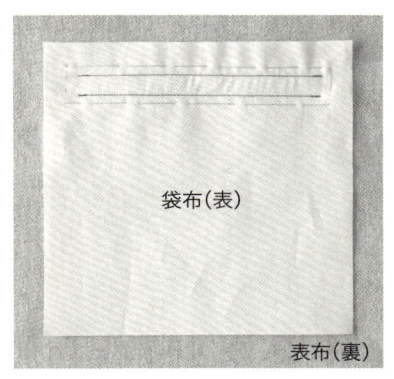

裏から見たところ。

（下端を始末しておく）

片玉縁ポケット

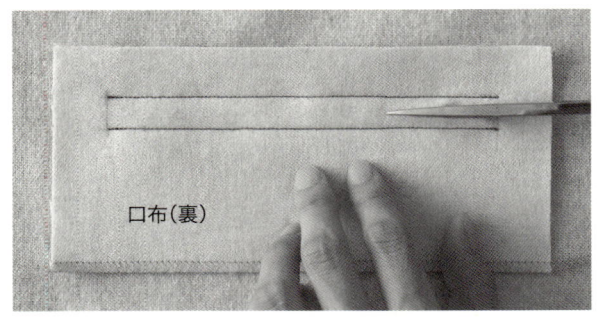

口布(裏)

6 ポケット口の中央にはさみを入れ、口布を二つに切り離す。

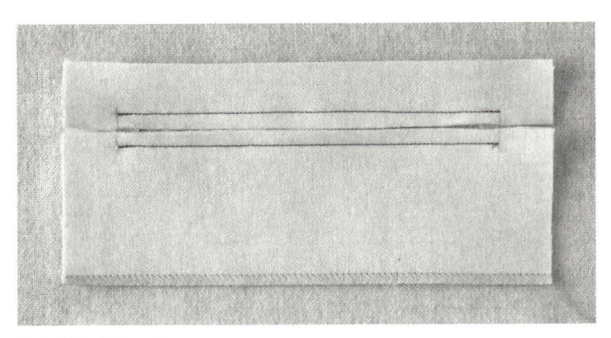

切り離したところ。

7 表布と袋布は矢羽根に切込みを入れる。

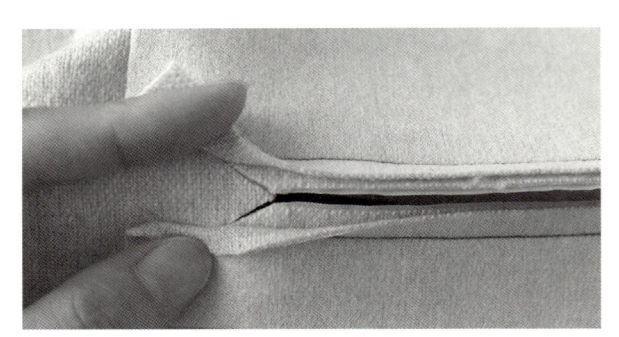

糸を切らないようにぎりぎりまで切込みを入れる。

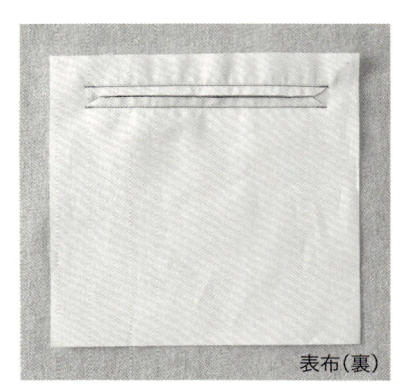

表布(裏)

裏から見たところ。

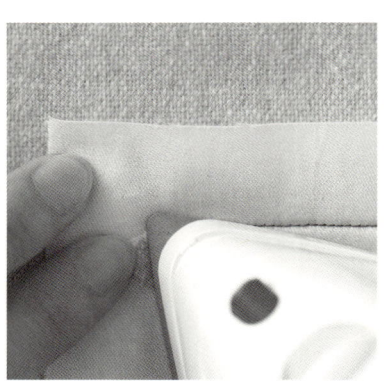

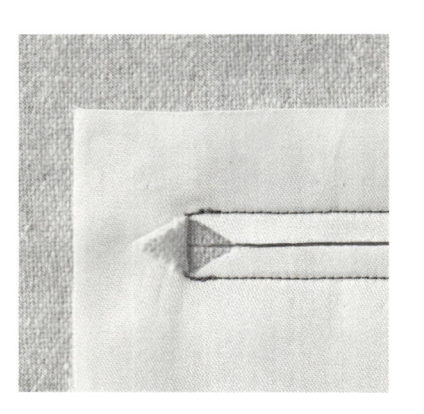

8 表布と袋布の切り込んだ三角の部分をアイロンでしっかり折る。

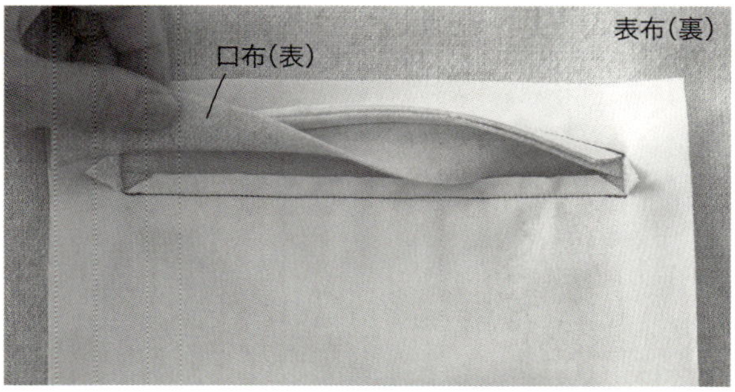

口布(表) 表布(裏)

9 切込みから、上側の口布を裏面に引き出す。

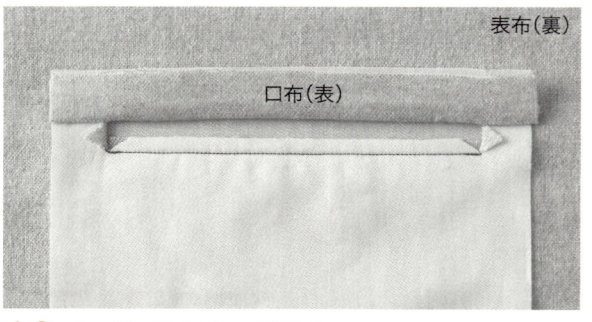

表布(裏) 口布(表)

10 上へ返してアイロンで整える。

52　片玉縁ポケット

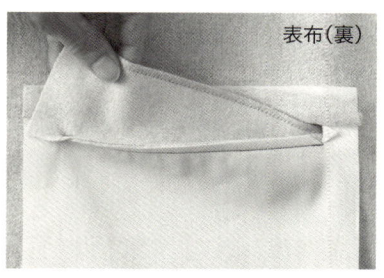

11 下側の口布を裏面へ引き出す。

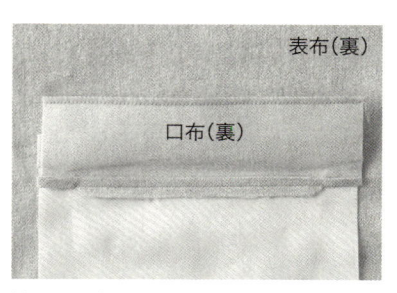

12 縫い代を割る。

縫い代を割ったところ。

13 口布を折り返して玉縁をとる。

玉縁幅を整える。

14 しつけでとめる。

15 表からポケット口下側の縫い目に落しミシンをかける。

裏から見たところ。

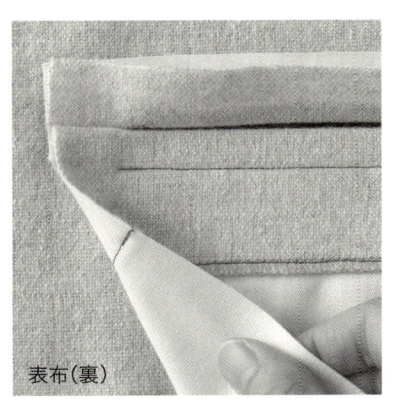

16 口布の下端を袋布に縫いとめる。

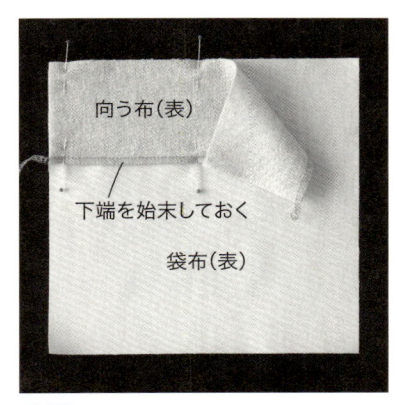

17 向う布をもう1枚の袋布に重ねてまち針でとめる。

下端を始末しておく

18 向う布の上下を縫う。

片玉縁ポケット 53

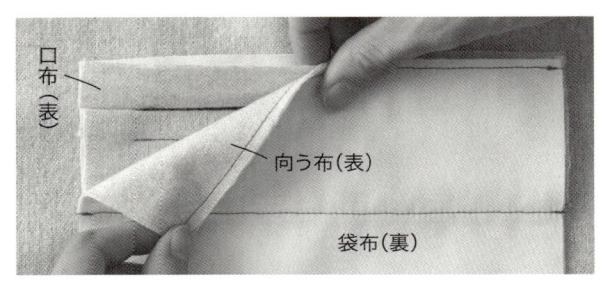

19 向う布のついた袋布と口布を中表に合わせる。

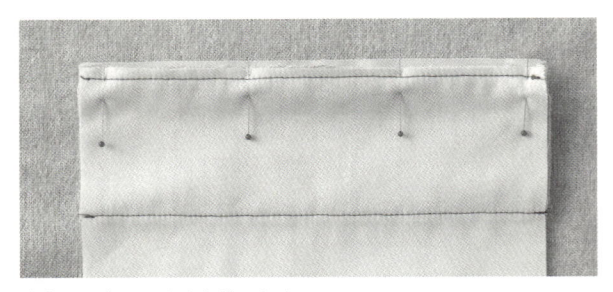

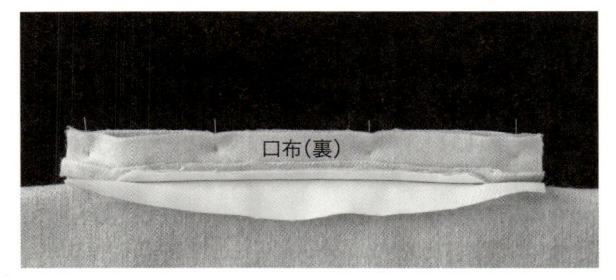

口布から見たところ。

20 袋布と口布の上側の縫い代を縫う。

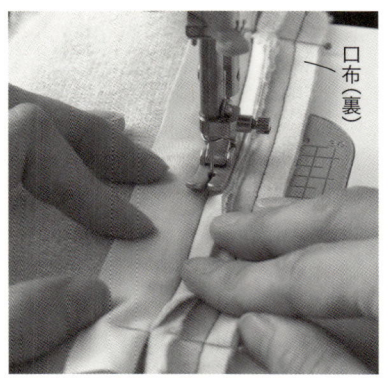

21 ポケット口上側の縫い代を向う布のついた袋布まで通して縫う。

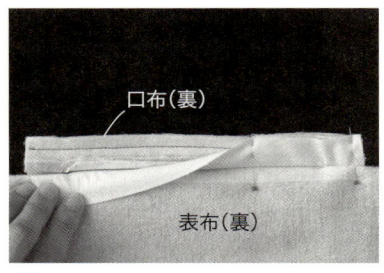

22 表布に添えたほうの袋布を縫い代を隠すように合わせ、まち針でとめる。

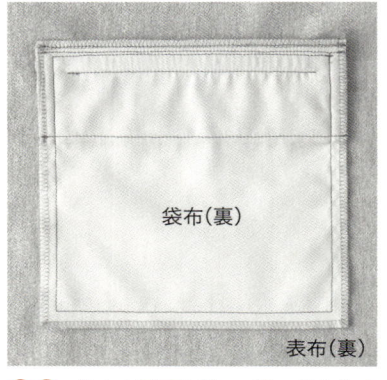

23 袋布の周囲を縫い、縫い代を始末する。

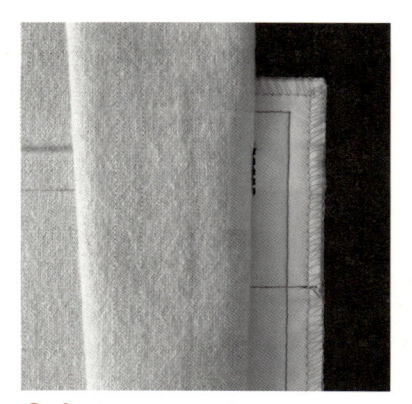

24 表布をめくり、ポケット口両端を袋布まで通して縫う。補強を兼ねて3～4回返し縫いをする。

でき上り(表)。

でき上り(裏)。

片玉縁ポケット

フラップ・ポケット

フラップの内側（下側）を玉縁始末したポケット。

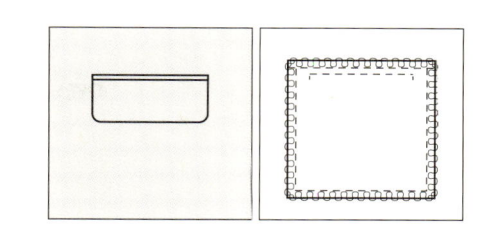

両玉縁

両玉縁ポケットにフラップのついたポケット。

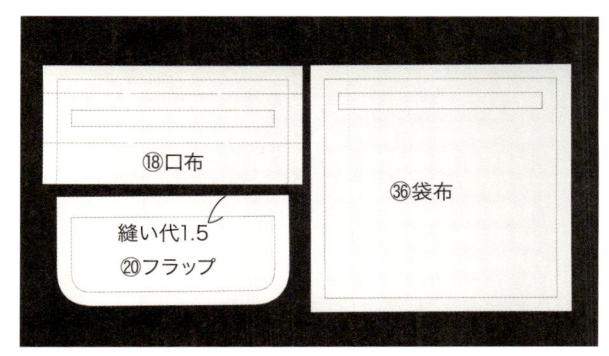

パターン⑱＋⑳＋㊱
指定以外の縫い代は1cm

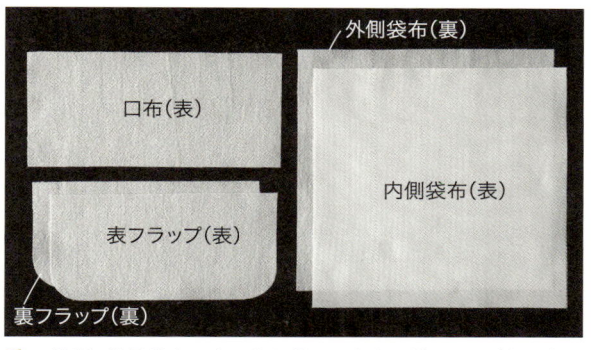

1 裁断。外側袋布は向う布を兼ねて表布を使用する（向う布の別裁ちはp.46参照）。

2 表フラップの裏面に芯をはる。

3 表、裏フラップを中表に縫い合わせる。

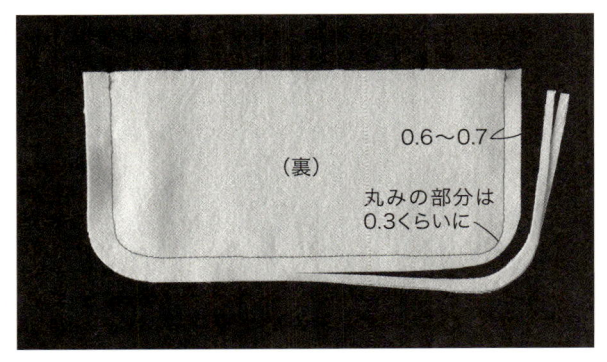

4 かさばらないよう縫い代をカットして整理する。（0.6〜0.7　丸みの部分は0.3くらいに）

5 表に返して、アイロンで整える。

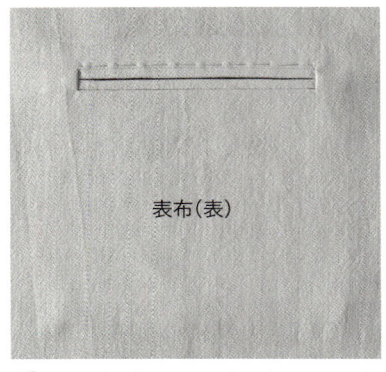

6 両玉縁ポケットを作る(p.46、47参照)。

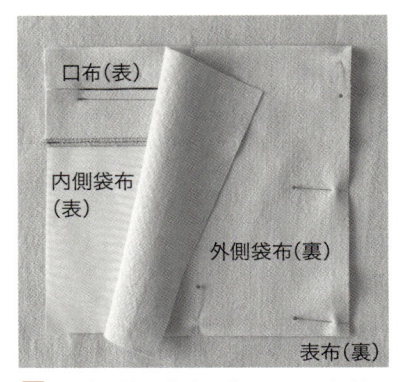

7 袋布2枚を中表に合わせ、まち針でとめる。

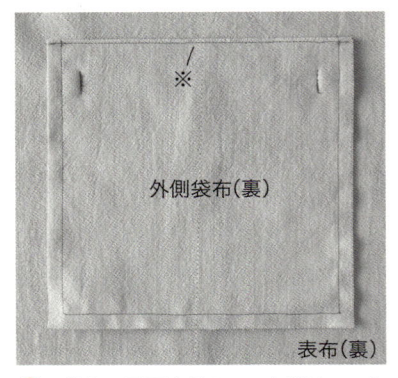

8 袋布の周囲を縫う。※上側はこの後フラップの縫い代が入るため、端をとめておく程度に縫う。

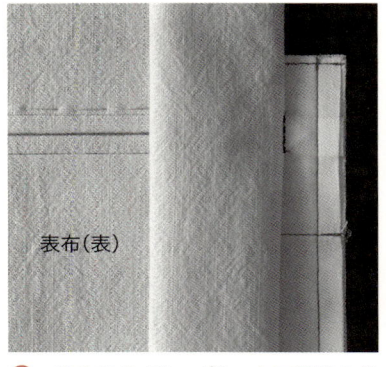

9 表布をめくり、ポケット口両端を袋布まで通して縫う。補強を兼ねて3〜4回返し縫いをする。

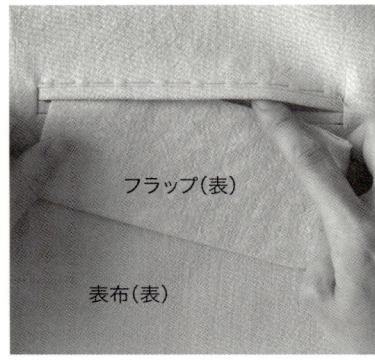

10 フラップを上側に差し込む。

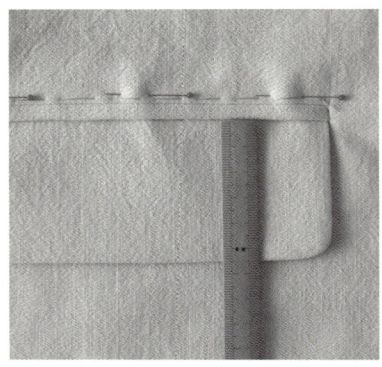

11 フラップ幅を確認して、まち針でとめる。

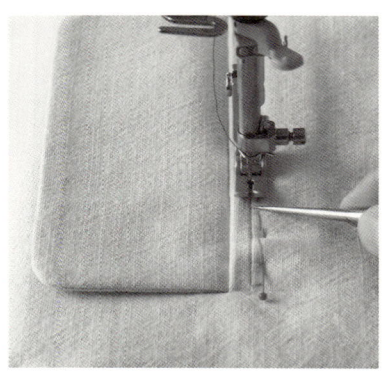

12 表から、ポケット上側の縫い目に袋布まで通して落しミシンをかけ、フラップをつける。

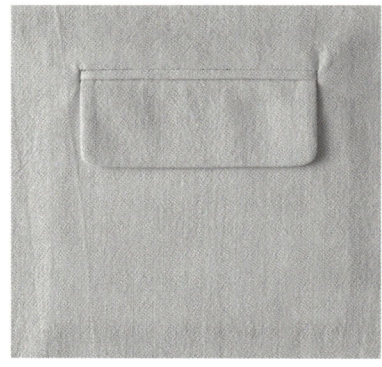

13 でき上り(表)。

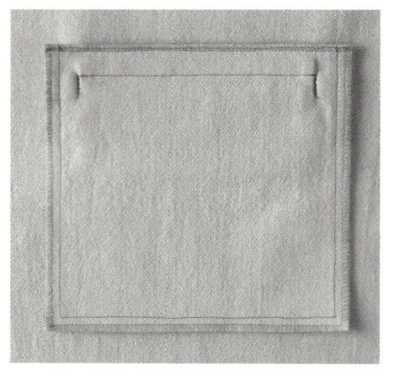

でき上り(裏)。

56　フラップ・ポケット

片玉縁

片玉縁ポケットにフラップのついたポケット。

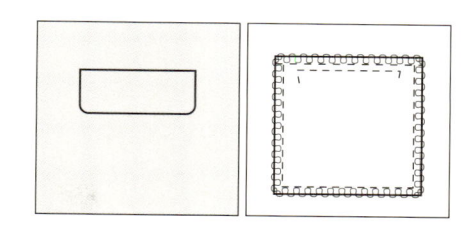

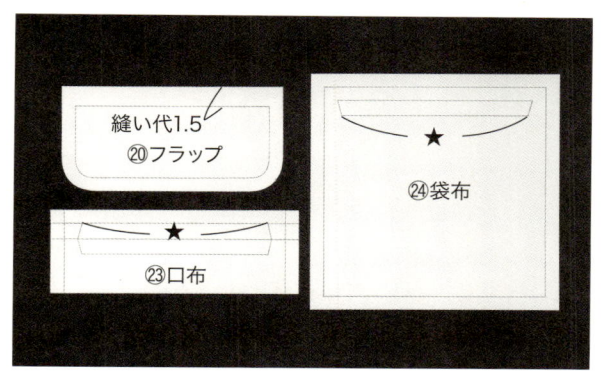

パターン⑳+㉓+㉔
指定以外の縫い代は1cm

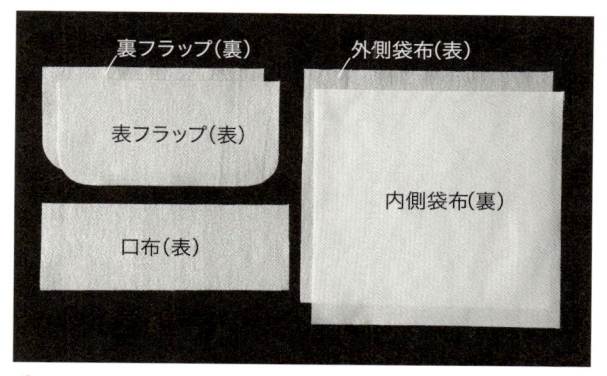

1 裁断。外側袋布は向う布を兼ねて表布を使用する(向う布の別裁ちはp.46参照)。

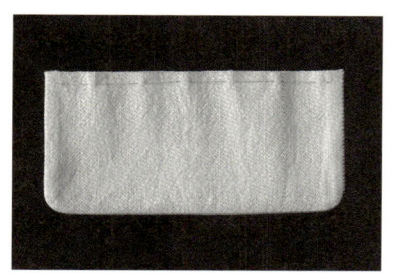

2 フラップを作る(p.55の2〜5参照)。縫いつけるときにずれないように、縫い代をとめておく。

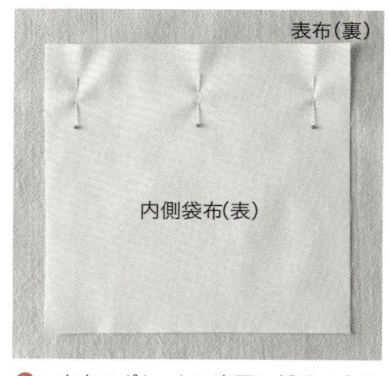

3 表布のポケット口裏面に補強の力芯をはり、内側袋布をまち針でとめる(p.51の2〜3参照)。

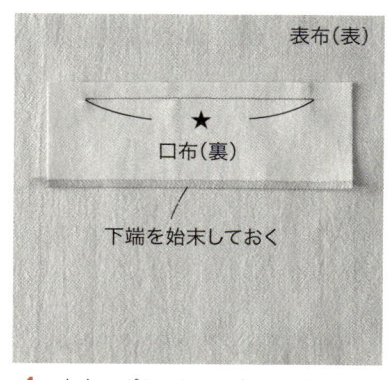

4 表布のポケット口下側に口布の★を中表に合わせて縫う。

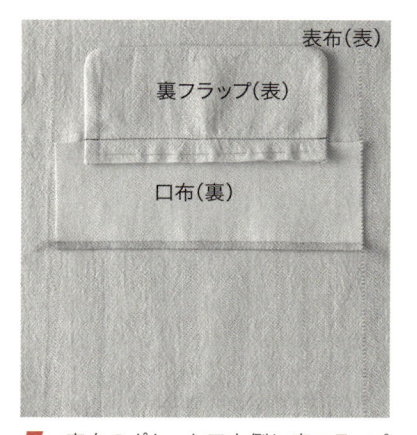

5 表布のポケット口上側に表フラップを中表に合わせて縫う。

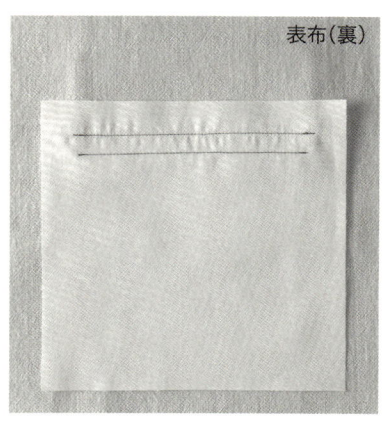

裏から見たところ。口布つけミシンは、フラップつけミシンより内側に収まっていることを確認する。

フラップ・ポケット

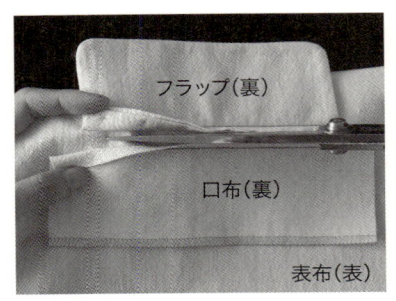

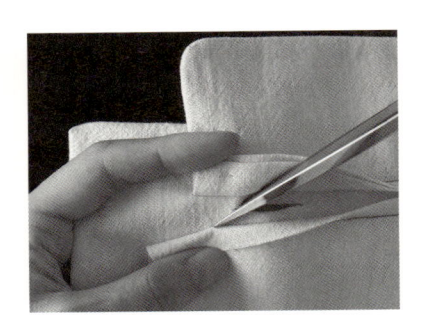

6 フラップと口布をよけて、口の中央に矢羽根に切込みを入れる。

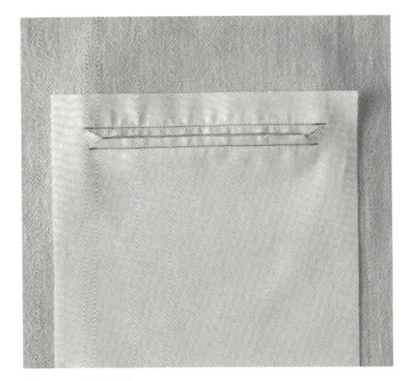

裏から見たところ。

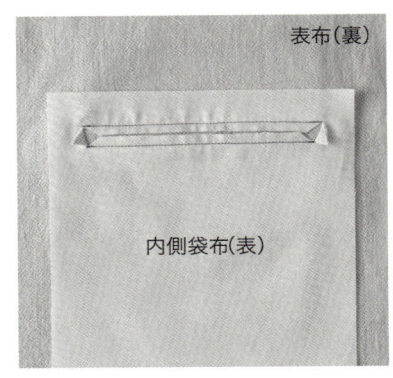

7 ポケット口両端の三角部分をアイロンでしっかり折る。

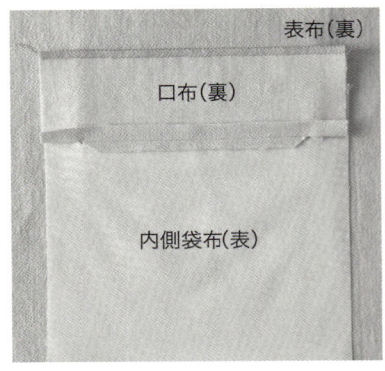

8 口布を切込みから裏面へ引き出し、縫い代を割る。

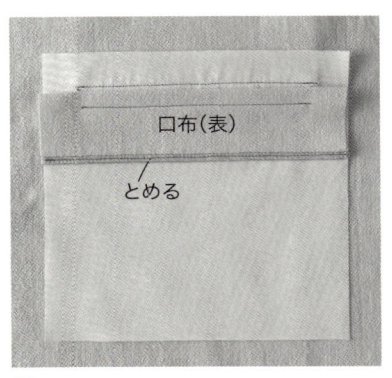

9 玉縁をとり、表からステッチをかけ口布の下端を袋布に縫いとめる（p.53参照）。

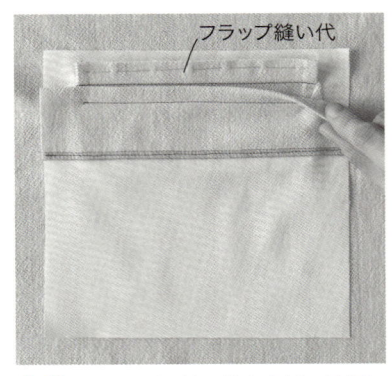

10 フラップの縫い代を上側へ片返しにする。

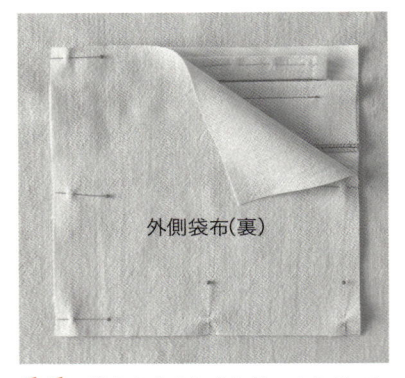

11 袋布を中表に合わせ、まち針でとめて上側以外の周囲を縫う。

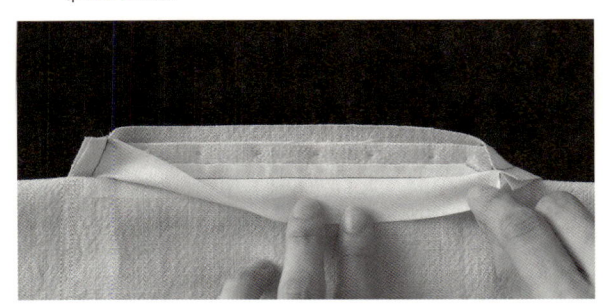

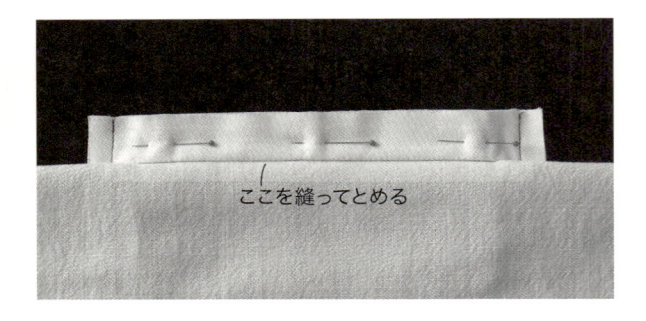

12 袋布上側をまち針でとめ、フラップ縫い代を袋布に縫いとめる。

ここを縫ってとめる

58　フラップ・ポケット

表布(裏)
外側袋布(裏)

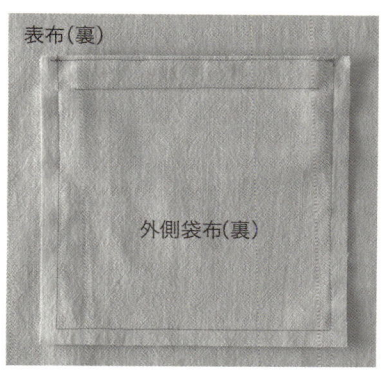

裏から見たところ。

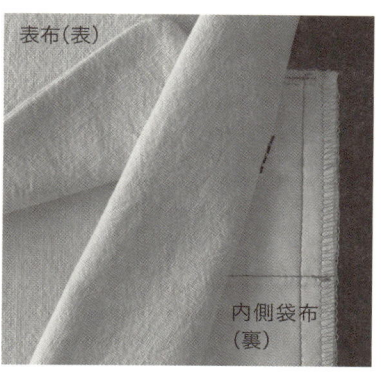

表布(表)
内側袋布(裏)

12 袋布の縫い代を始末する。表布をめくり、フラップを上げてポケット口両端を袋布まで通して縫う。補強を兼ねて3〜4回返し縫いをする。

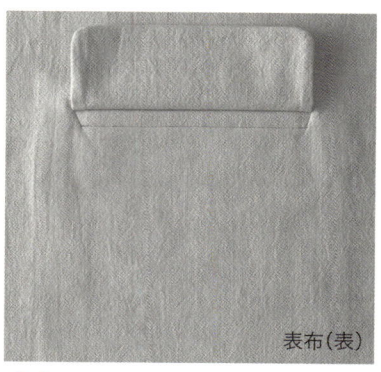

表布(表)

13 フラップに隠れるように玉縁ができる。

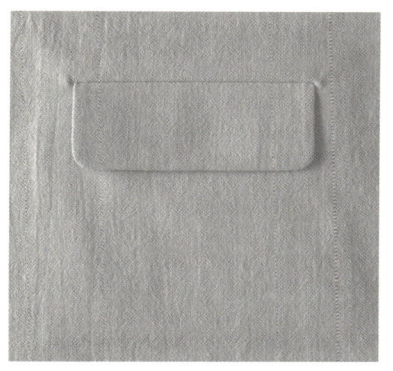

でき上り(表)。

でき上り(裏)。

フラップの柄出し

フラップの柄を合わせるか外すかで印象が変わる。

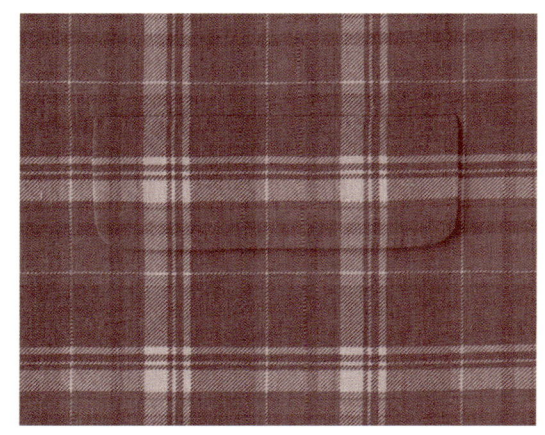

柄を合わせ、なじませて目立たなくする。

柄を外し、デザインとしてあえて強調する。

フラップ・ポケット 59

箱ポケット

箱形に作ったポケット。主にジャケットの胸ポケットやコートなどにつける。

箱縫い返し

口布の両側を縫って箱の状態にしてから表布につける。

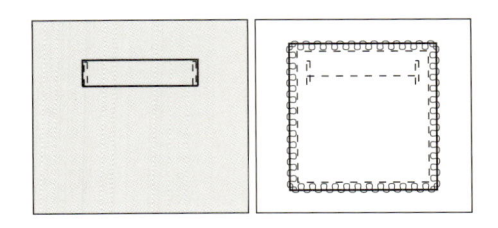

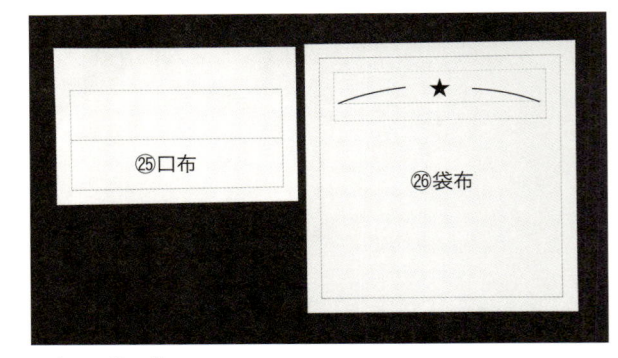

パターン㉕＋㉖
縫い代は1cm

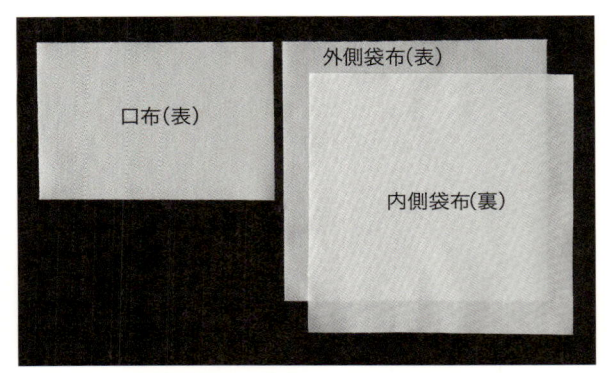

1 裁断。内側袋布はスレキまたは裏地を使用する。

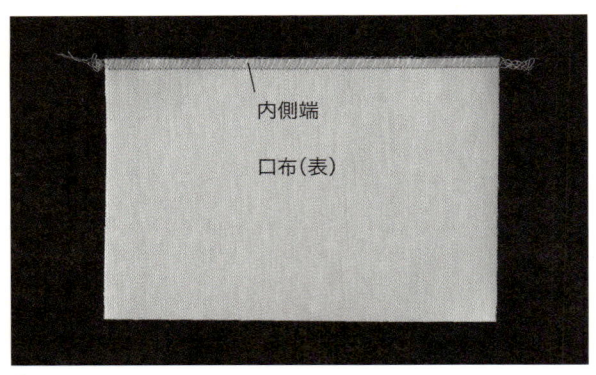

2 口布の裏面に芯をはり、内側端を始末する。

3 でき上りに中表に折り、両端を縫う。

4 表に返してアイロンで整える。

5 表布ポケット口裏面に補強の力芯をはる。

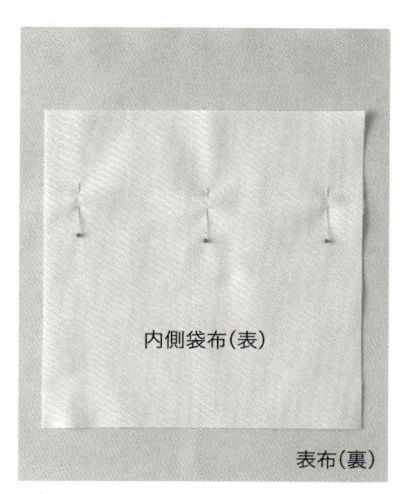

6 ポケット口を合わせて内側袋布を添え、まち針でとめて、しつけをかける。

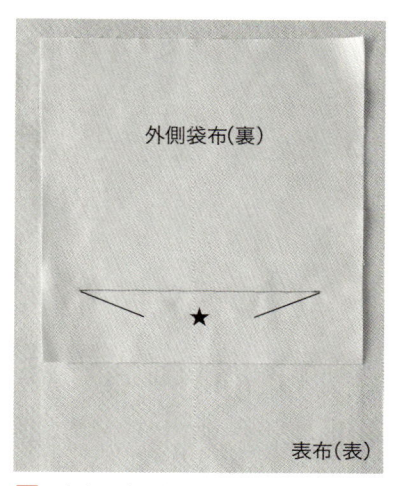

7 表布の表に外側袋布を上下を逆にして★を中表に合わせ、縫う。

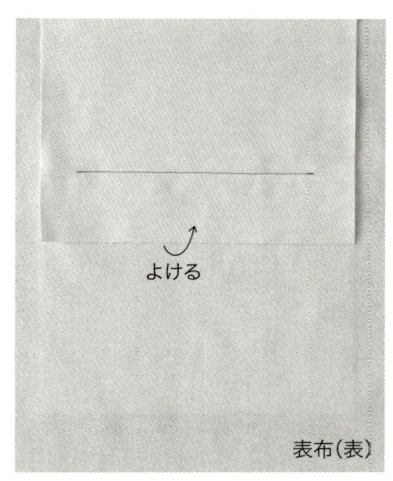

8 袋布を上へよける。

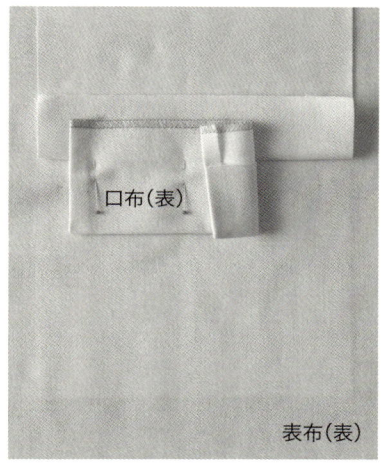

口布をポケット位置に合わせてまち針でとめる。

縫う。

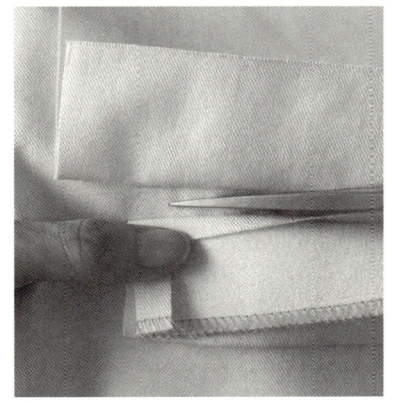

9 袋布と口布つけミシンの中央を矢羽根に切込みを入れる。

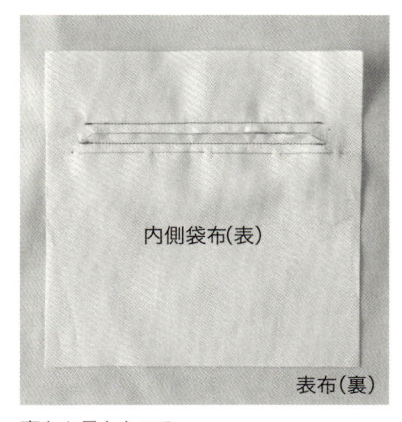

裏から見たところ。

10 口布内側部分を裏面へ引き出す。

箱ポケット 61

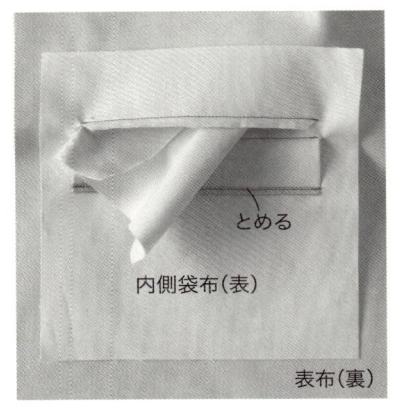

11 口布の内側端を袋布にとめ、外側袋布を裏面へ引き出す。

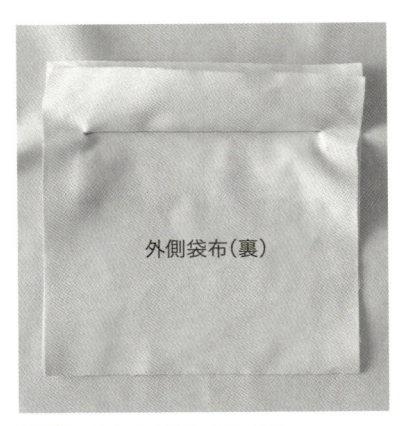

（とめる／内側袋布(表)／表布(裏)）

12 袋布を中表に合わせる。

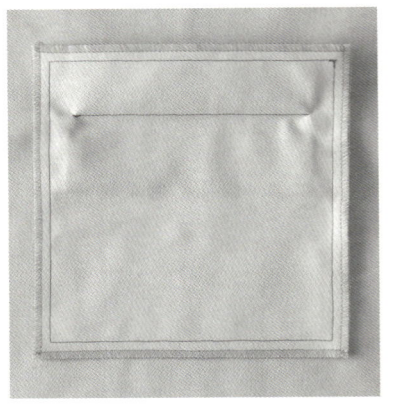

（外側袋布(裏)）

13 袋布の周囲を縫い、縫い代を始末する。

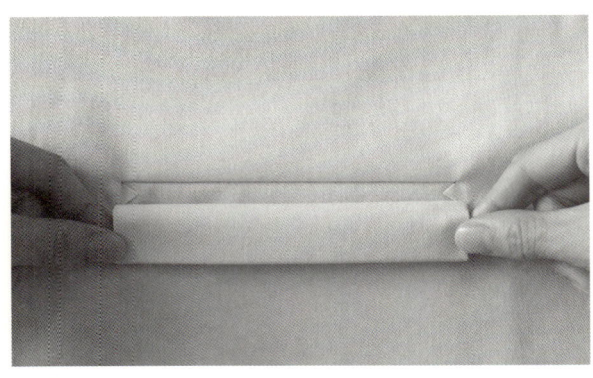

14 表から見たところ。ポケットの両端、三角の部分はそのままにしておく。

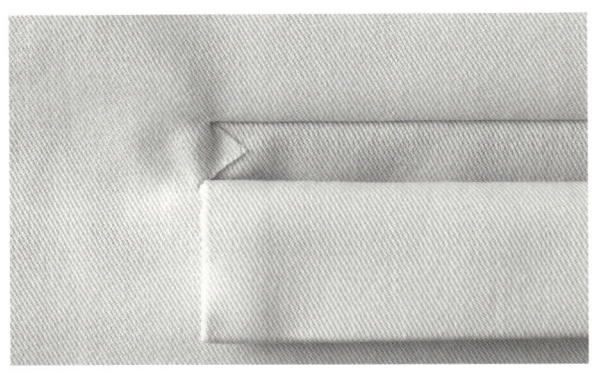

拡大写真。三角の部分は口布をとめるステッチで一緒に押さえられる。

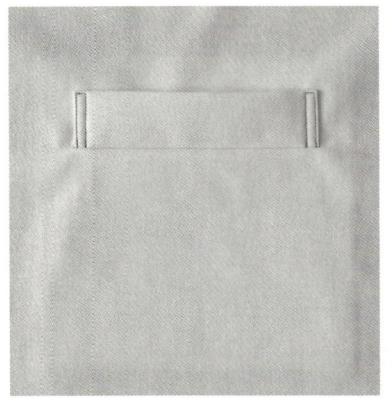

15 口布をでき上りの状態に整え、袋布まで通して両端にステッチをかける。でき上り(表)。

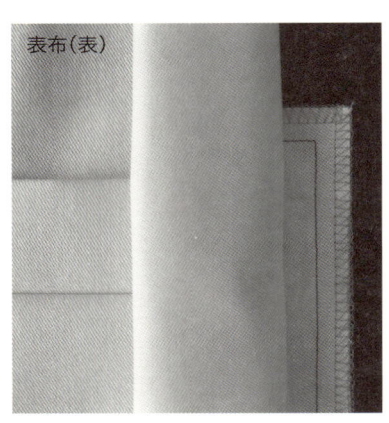

拡大写真。

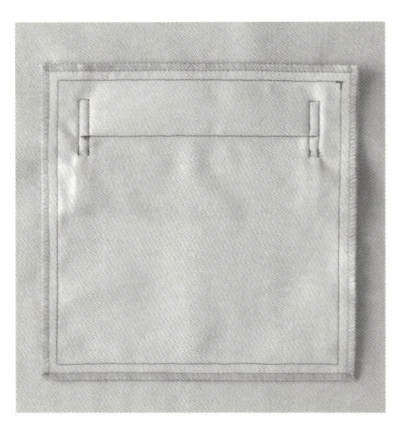

（表布(表)）

でき上り(裏)。

62　箱ポケット

箱のステッチ

◎シングルステッチ

両端のステッチを目立たせたくない場合は
シングルステッチをかける。

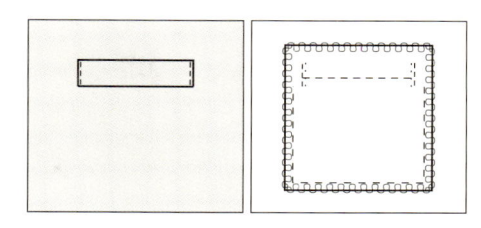

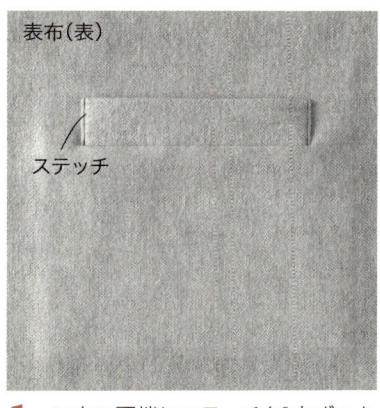

1 口布の両端にステッチを1本ずつかける。でき上り（表）。

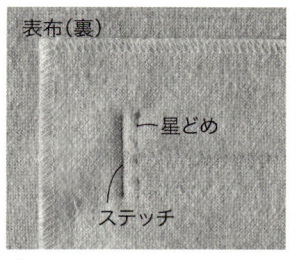

2 シングルステッチだけでは弱いので、裏から星どめをして補強する。

でき上り（裏）。

◎ステッチなし

両端のステッチをかけたくない場合はまつる。

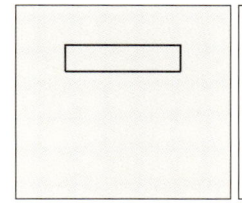

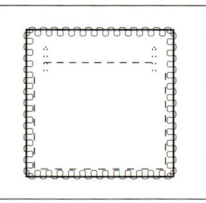

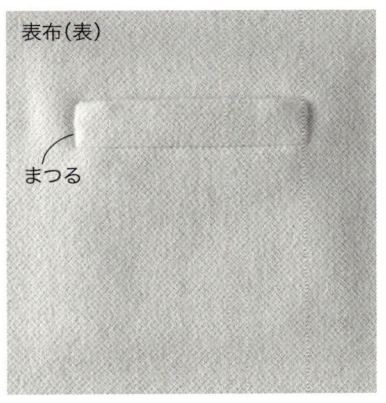

1 口布の両端をまつる。でき上り（表）。

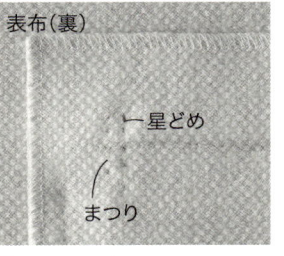

2 まつりだけでは弱いので、裏から星どめをして補強する。

でき上り（裏）。

箱ポケット

箱折りたたみ

口布の両側を折りたたんで箱の状態を作り表布につける。

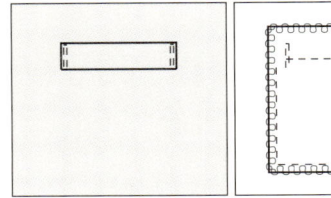

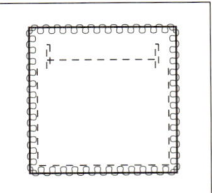

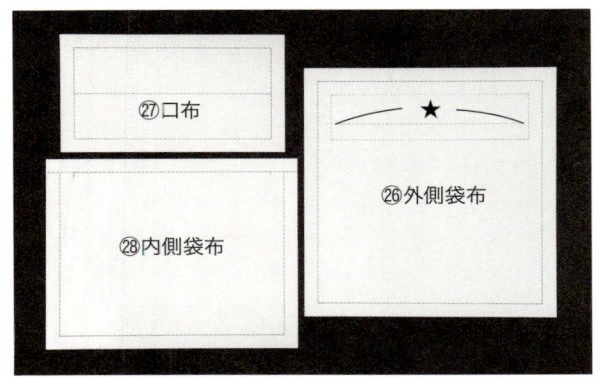

パターン㉖＋㉗＋㉘
縫い代は1cm

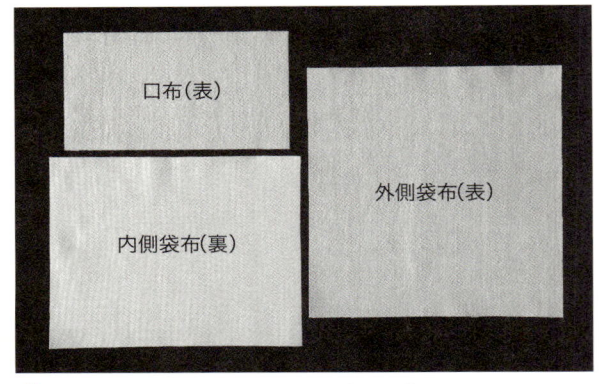

1 裁断。内側袋布はスレキまたは裏地を使用する。

2 口布の裏面に芯をはる。

3 両端の縫い代を折る。

4 でき上りの状態に折る。内側になるほうの両端の縫い代は、表から見えない程度に控えて折り直しておく。

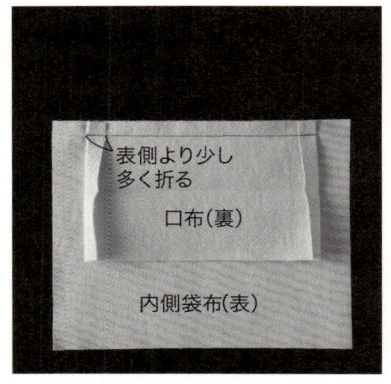

5 口布の内側端に、内側袋布をつける。表側より少し多く折る

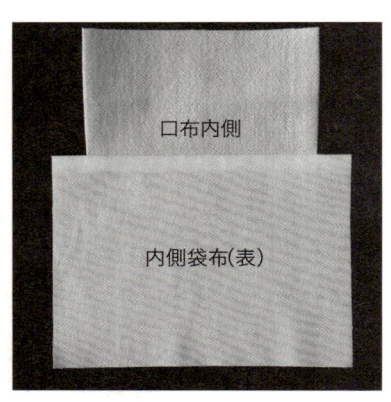

6 縫い代を袋布側に片返しにする。

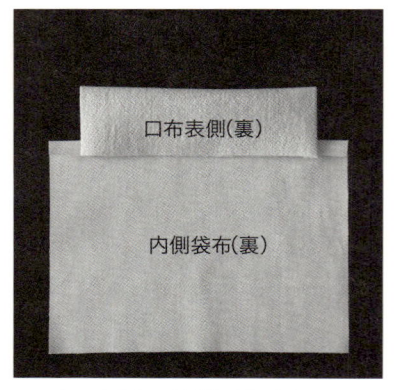

口布をでき上りの状態に折ったところ。

64　箱ポケット

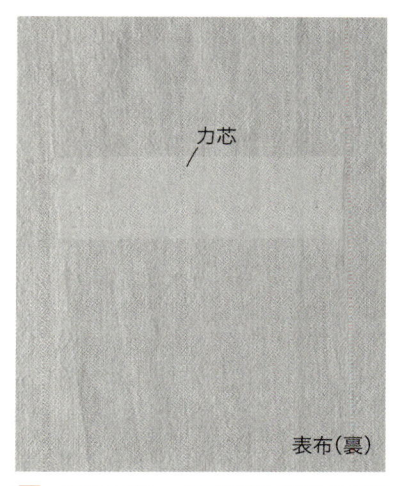

7 表布のポケット口裏面に補強の力芯をはる。

8 表布の表に外側袋布を上下を逆にして★を中表に合わせ、縫う。

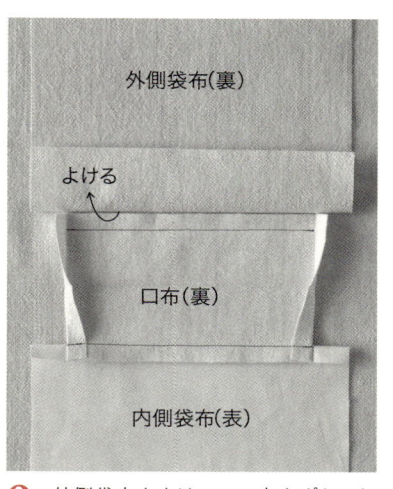

9 外側袋布をよけて、口布をポケット位置に合わせて縫う。

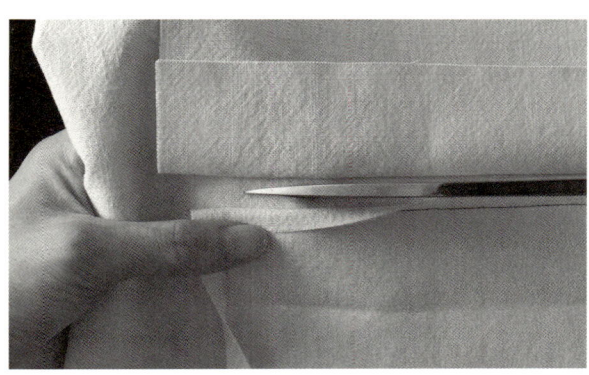

10 袋布と口布つけミシンの中央に矢羽根に切込みを入れる。

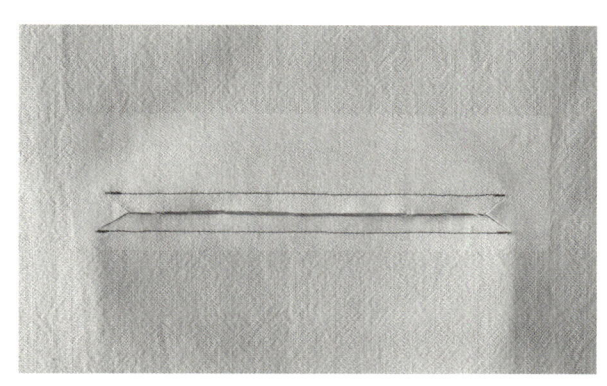

裏から見たところ。

11 口布を裏面へ引き出す。

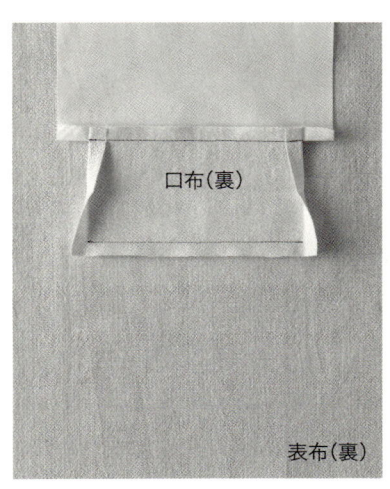

12 縫い代を表布側へ片返しにする。

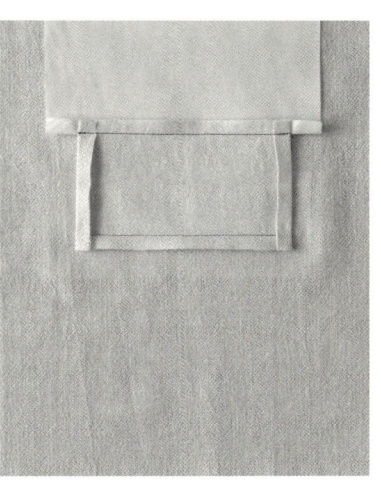

13 口布の両端縫い代を折り直す。

箱ポケット 65

●厚地の場合は縫い代を割る

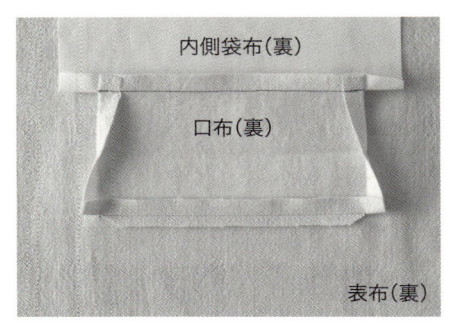

12 縫い代を割る。

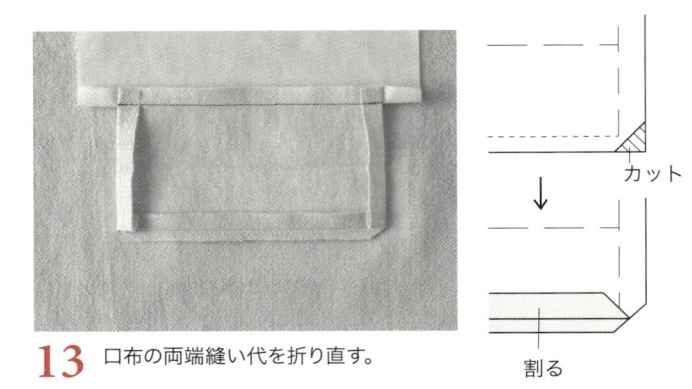

13 口布の両端縫い代を折り直す。

カット
割る

14 外側袋布を裏面へ引き出す。

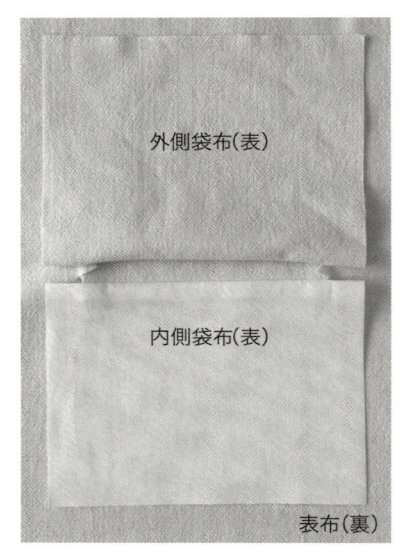

引き出したところ。

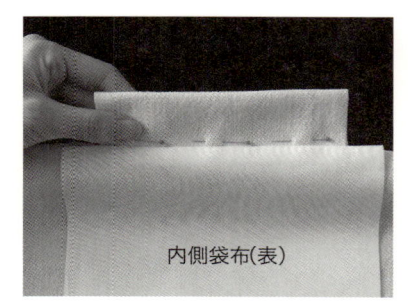

15 口布をでき上りの状態にしてまち針でとめる。

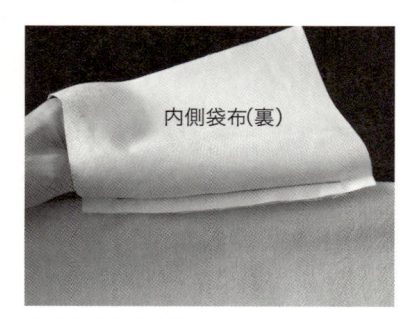

内側袋布をめくる。

口布の縫い代どうしを合わせるようにして縫い代をとじる。

外側袋布(表)
内側袋布(裏)
表布(裏)

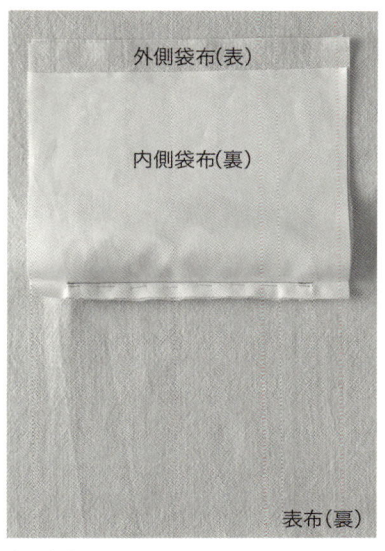

とじたところ。

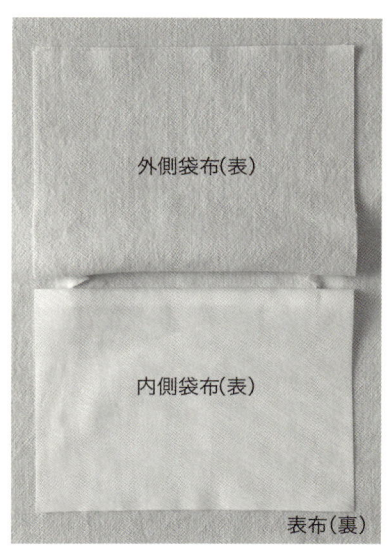

外側袋布(表)
内側袋布(表)
表布(裏)

16 内側袋布を元の状態に戻す。

外側袋布(裏)

17 袋布を中表に合わせ周囲を縫い、縫い代を始末する。

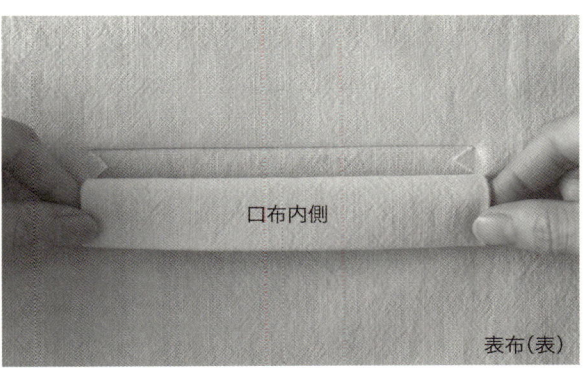

口布内側
表布(表)

18 口布の内側から見たところ。ポケットの両側、三角の部分はそのままにしておく。

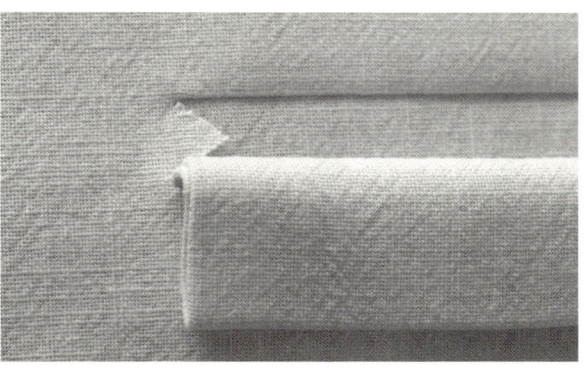

拡大写真。三角の部分は口布をとめるステッチで一緒に押さえられる。

19 口布をでき上りの状態に整え、袋布まで通して両端にステッチをかける。でき上り(表)。

拡大写真。

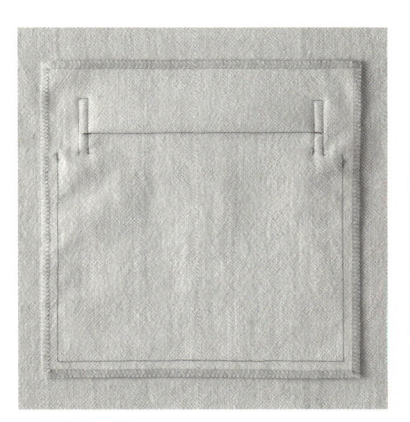

でき上り(裏)。

箱ポケット

角度(傾斜)のある箱ポケット

縫い方は箱折りたたみ(p.64)と同様。
地の目を通す位置を間違えないようにパターン、裁断に気をつける。

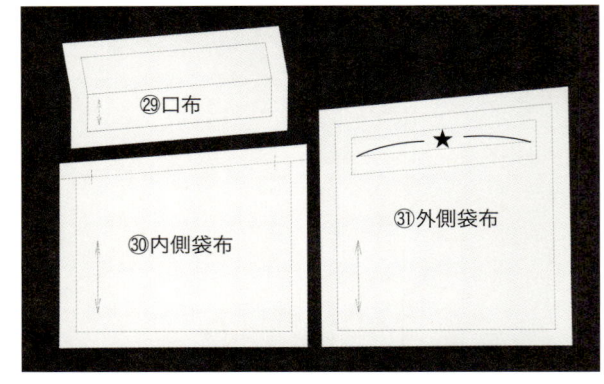

㉙口布
㉚内側袋布
㉛外側袋布

パターン㉙＋㉚＋㉛
縫い代は1cm（裁断はp.64参照）

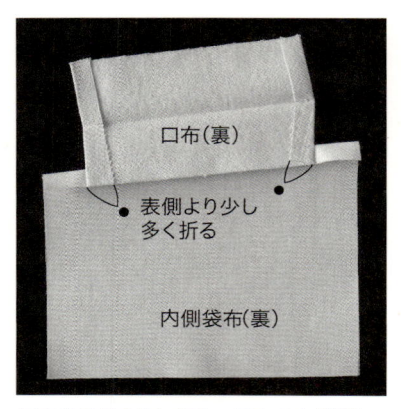

口布(裏)
表側より少し多く折る
内側袋布(裏)

口布をでき上りに折り、口布の内側端に、内側袋布をつける。

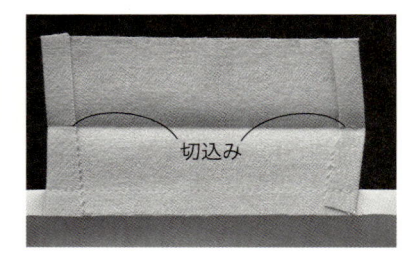

切込み

角度があるので、縫い代に切込みを入れるときれいに折れる。

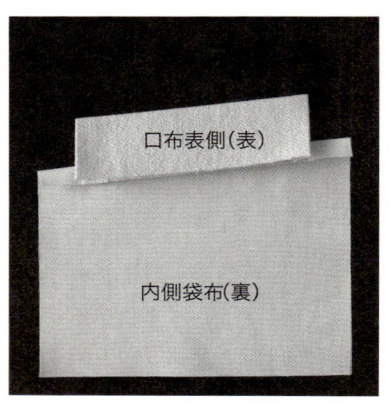

口布表側(表)
内側袋布(裏)

以降、箱折りたたみ(p.64〜67)を参照。

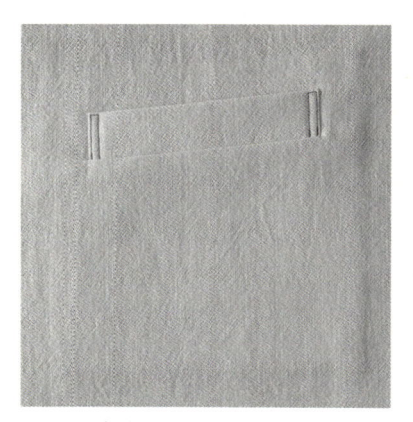

でき上り(表)。

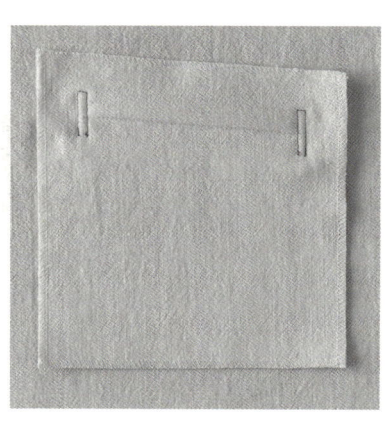

でき上り(裏)。

サイド・ポケット

衣服の腰につける斜めに切り替えたポケット。パンツやスカートなどにつける。

直線に切り替えたポケット

脇をあけずに腰の部分をぴったりさせるように切り替える。

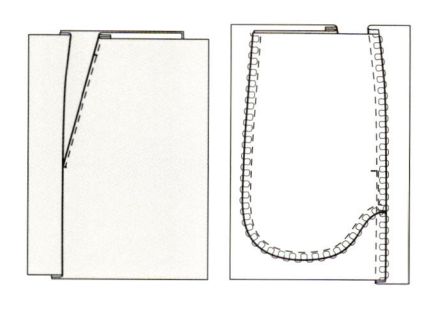

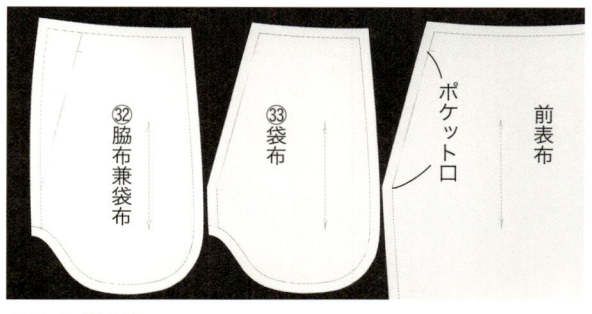

パターン㉜+㉝
縫い代は1cm

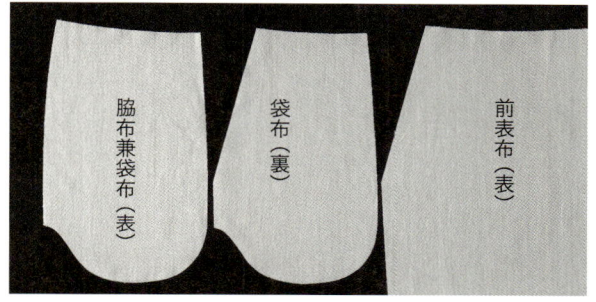

1 裁断。脇布兼袋布は表布を使用する。袋布はスレキや裏地でもいい。

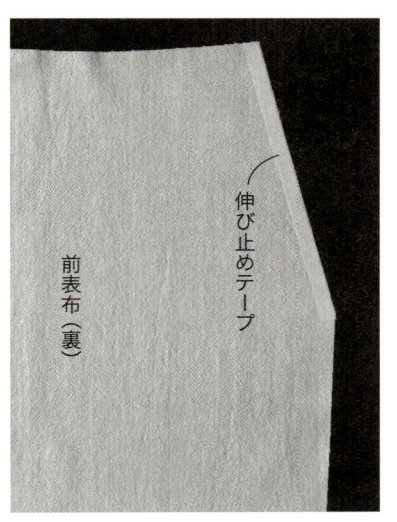

2 表布のポケット口の縫い代裏面に伸び止めテープをはる。

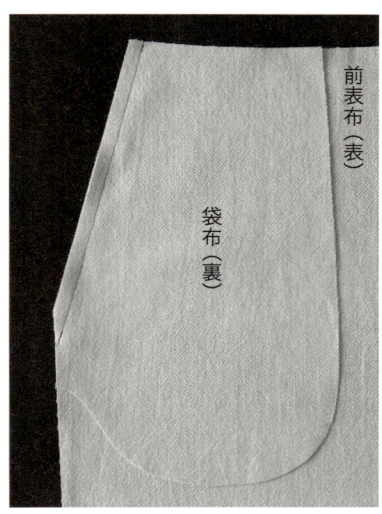

3 袋布を中表に合わせてポケット口を縫う。でき上りより0.1〜0.2cm縫い代側を縫う。

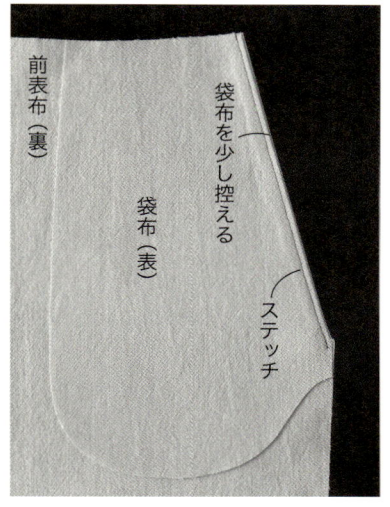

4 袋布を裏面へ返し、少し控えてアイロンで整えステッチをかける。

5 袋布に脇布を中表に合わせ、まち針でとめる。

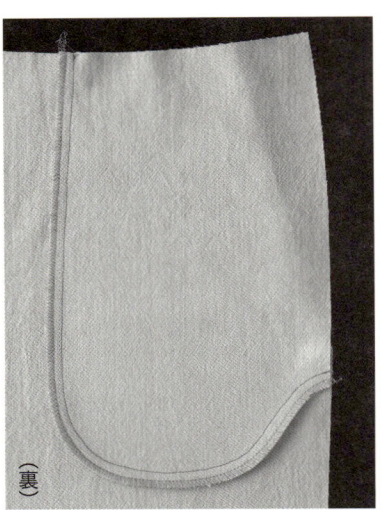

6 袋布の周囲を縫い、縫い代を始末する。

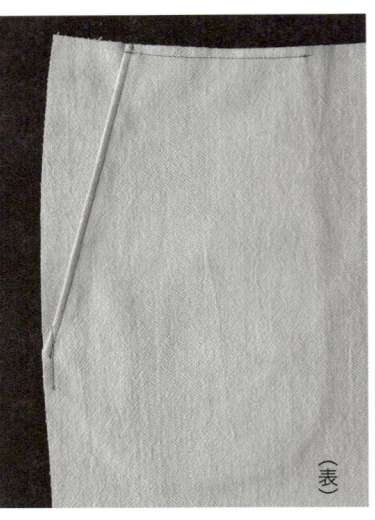

7 上側と脇の縫い代をとめる。

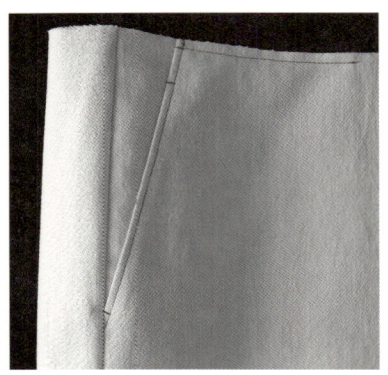

脇を縫い合わせたところ。ポケット口両端には補強のミシンをかける。ステッチ幅内を3～4回返し縫いをする。

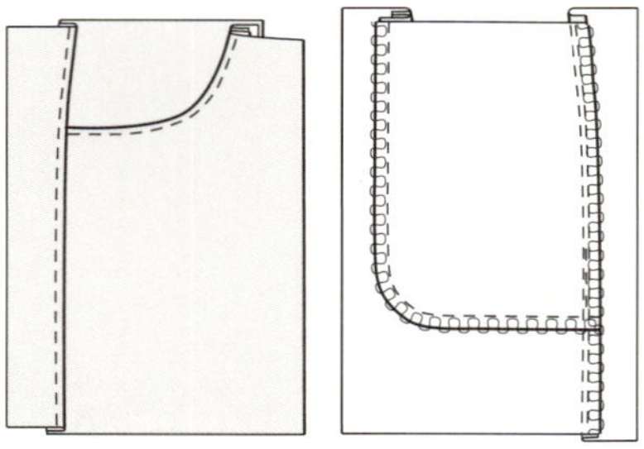

曲線に切り替えたポケット

ウェスタン・ポケットともいう。
直線の切替えよりポケット口の浮きがなくすっきり仕上がる。

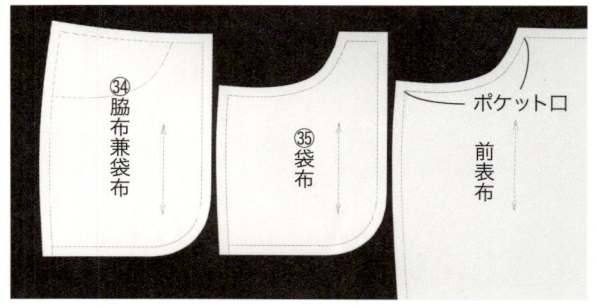

パターン㉞＋㉟
縫い代は1cm

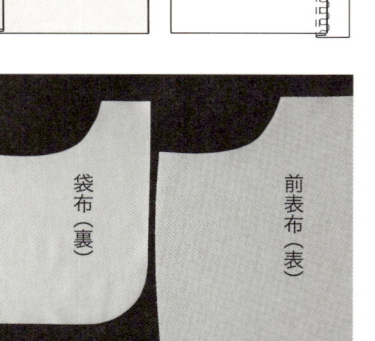

1 裁断。脇布兼袋布は表布を使用。袋布はカーブを縫い返すのでスレキなど少し薄い生地が適する。

70　サイド・ポケット

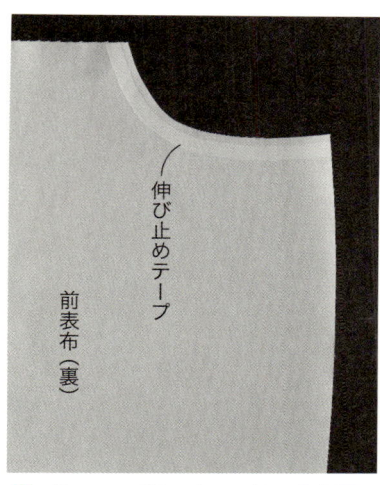

2 前パンツポケット口の縫い代裏面に伸び止めテープをはる。

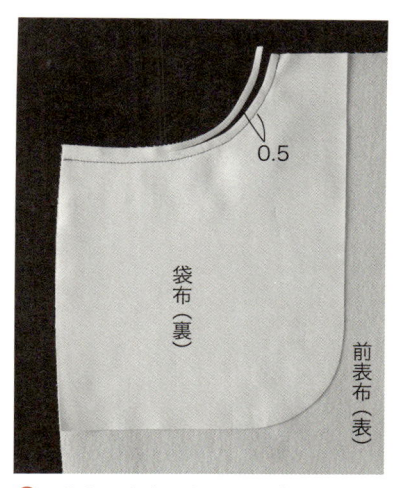

（伸び止めテープ／前表布（裏））

3 袋布を中表に合わせてポケット口を縫う。でき上りより0.1〜0.2cm縫い代側を縫う。縫い代は0.5cmくらいにカット。

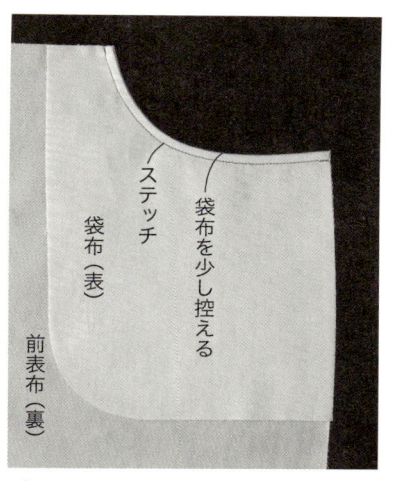

（袋布（裏）／前表布（表）／0.5）

4 袋布を裏面に返し、少し控えてアイロンで整えステッチをかける。

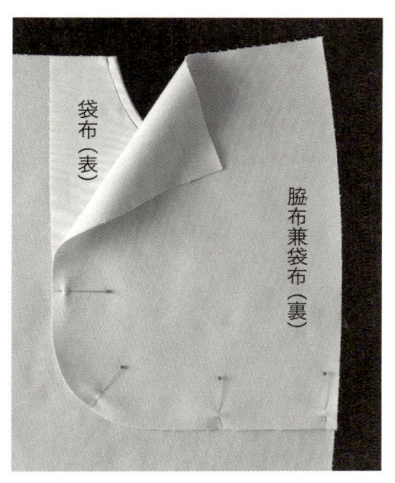

（ステッチ／袋布を少し控える／袋布（表）／前表布（裏））

5 袋布に脇布を中表に合わせ、まち針でとめる。

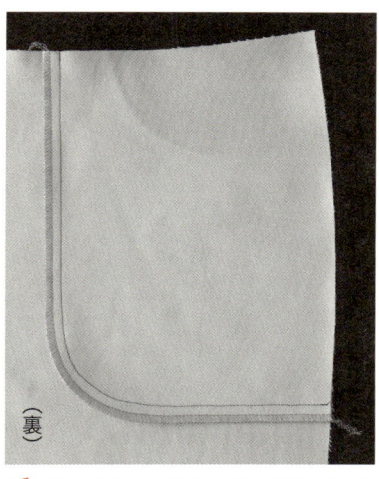

（袋布（表）／脇布兼袋布（裏））

6 袋布の周囲を縫い、縫い代を始末する。

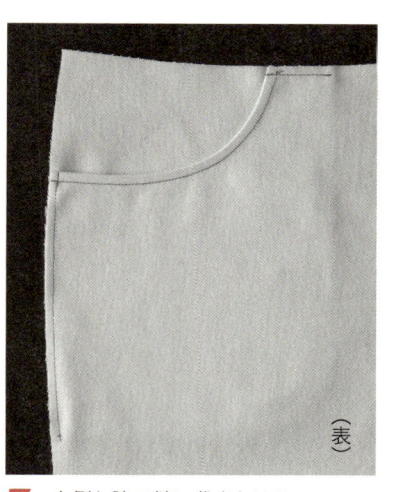

（裏）

7 上側と脇の縫い代をとめる。

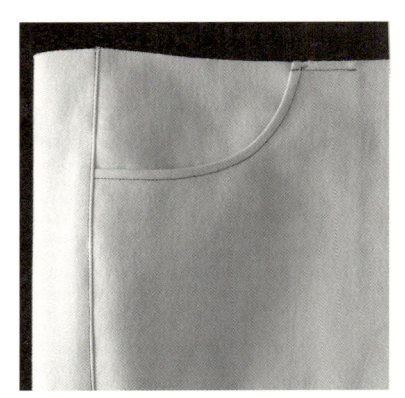

（表）

脇を縫い合わせたところ。縫い代を後ろ側に片返しにしてステッチをかけると補強にもなる。

サイド・ポケット

水野佳子(みずのよしこ)

ソーイングデザイナー。
1971年生れ。文化服装学院アパレルデザイン科卒。
アパレル会社の企画室勤務の後、フリーになる。
雑誌上でデザインから縫製、パターンメーキングなどを発表、
ソーイングファンに定評がある。
ほかにも衣装製作など"縫う"を軸にして幅広い分野で活躍、
多忙な日々を送っている。

ブックデザイン　岡山とも子
撮影　　　　　　藤本 毅
校閲　　　　　　向井雅子
編集　　　　　　平山伸子(文化出版局)

協力　学校法人 文化学園 文化事業局 購買部 外商課

[参考文献]
『ファッション辞典』(文化出版局)
『新・田中千代服飾事典』(同文書院)

ポケットの基礎の基礎

2011年2月7日　　第1刷発行
2023年11月13日　　第3刷発行

著　者　水野佳子
発行者　清木孝悦
発行所　学校法人文化学園 文化出版局
　　　　〒151-8524　東京都渋谷区代々木3-22-1
　　　　tel.03-3299-2487(編集)
　　　　tel.03-3299-2540(営業)
印刷・製本所　株式会社文化カラー印刷
ⓒYoshiko Mizuno 2011　Printed in Japan
本書の写真、カット及び内容の無断転載を禁じます。

・本書のコピー、スキャン、デジタル化等の無断複製は著作権法上での例外を除き禁じられています。本書を代行業者等の第三者に依頼してスキャンやデジタル化することは、たとえ個人や家庭内での利用でも著作権法違反になります。
・本書で紹介した作品の全部または一部を商品化、複製頒布、及びコンクールなどの応募作品として出品することは禁じられています。
・撮影状況や印刷により、作品の色は実物と多少異なる場合があります。ご承ください。

文化出版局のホームページ　https://books.bunka.ac.jp/

【好評既刊】

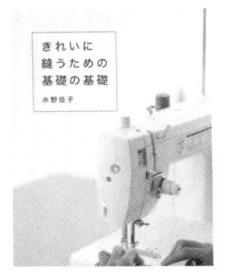

『きれいに縫うための基礎の基礎』

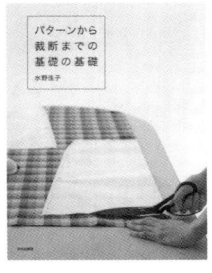

『パターンから裁断までの基礎の基礎』

『きれいに縫うための
パターン裁断縫い方の基礎の基礎』

『サイズが選べる犬のコート』